Jan Urban Jarník

Zur albanischen Sprachenkunde

Jan Urban Jarník

Zur albanischen Sprachenkunde

ISBN/EAN: 9783743431065

Hergestellt in Europa, USA, Kanada, Australien, Japan

Cover: Foto ©Paul-Georg Meister /pixelio.de

Manufactured and distributed by brebook publishing software (www.brebook.com)

Jan Urban Jarník

Zur albanischen Sprachenkunde

Zur

ALBANISCHEN SPRACHENKUNDE

von

Dr. Johann Urban Jarnik.

LEIPZIG.
In Commission bei F. A. Brockhaus' Sortiment und Antiquarium.
1881.

Dem um die Erforschung des Albanischen

hochverdienten Herrn

Dr. Franz Xav. Ritter von Miklosich,
k. k. Hofrath, o. ö. Universitätsprofessor etc. etc.,

seinem geliebten Lehrer,

in dankbarer Verehrung

Der Verfasser.

Zur albanischen Sprachenkunde.

I. Texte mit Interlinealversion.*)

Mòj Śćypnī, e mjéra Śćypnī,
O   Albanien   arm das   Albanien

kuš   t   kā   ćit   me   krýe   n   hī?
wer   dich   hat   gezogen   mit   Kopf   in   Asche

ti   kē   pas   ken   ñi   zoj   e   dān,
du   hast   gehabt   gewesen   eine   Herrin   welt

búrrat   e   djelmt   t   thirśin   nān;
Männer die   und   Burschen die   dich   riefen   Mutter

5   kē   pas   šum   t   míra   e   šum   begatī
   hast   gehabt   viel   Güter   und   viel   Reichthum

me   várza   t   búkra   e   me   djelm   t   rī,
an   Mädchen   schöne   und   an   Burschen   junge

dā   e   venn,   ára   e   baštína,
Vermögen und   Orte   Felder   und   Erbthümer

me   arm   t   bárdha   e   me   püšk   ltína,
an   Waffen   weiße   und   an   Flinten   lateinische

me   búrra   tríma   e   me   grā   t   dlīra,
an   Männer   tapfere   und   an   Weiber   keusche

10   ti   nner   t   dith   šóćet   kē   ken   mā   e   míra.
   du   unter   all Genossinnen die hast   gewesen   mehr   gut die

kūr   kriste   pūška,   si   me   škrep   móti,
wann   knatterte   Flinte die   wie   würde   blitzen   Gewitter das

zógu   i   Śćyptārit   dithmón   i   zóti
Vogel der   dér   Albanier des   immer   Herr der

kā   ken   per   lūft   e   n   lūft   kā   dékun
hat   gewesen durch   Krieg   und   in   Krieg   hat   gestorben

e   dhūn   mrāpa   kurr   s   i   kā   métun.
und Schande   hinten   jemals   nicht   ihm   hat   geblieben

15   kūr   kā   lidh   bēsen   búrri   i   Śćypnīs,
   wann   hat   gebunden   Wort das   Mann der   dér Albanien des

i   kā   ští   drídhen   dith   Rumelīs;
ihm hat   geschleudert   Schrecken den   ganz   Rumelien dem

---

*) Ueber die Transscription s. Abschn. II, über die Provenienz der Texte berichtet das Schlusswort.

nner	lūfta	t	rrepta	ďithkúnn	kā	rā,	
in	Kriege		schreckliche	immer	hat	gefallen	
me	fáće	t	bardh	ďithmón	âšt	dā. —	
mit	Antlitz		weiß	immer	ist	getrennt.	

por sot Šćypnī po m thuj, si jē,
aber heute Albanien uan mir sage wie bist

20 por sikúr lísi, ći rrdzóhet per dhē;
aber wie wann Eiche die welche stürzt zu Erde

i škón bóta sýpri e me kām e šklet,
ihr gebt Volk das über und mit Füsse sie tritt

ñi fjal t ámel askúš s j a flet.
ein Wort süß niemand nicht ihr es spricht.

si mal me bōr, si fūš me lūle
wie Berg mit Schnee, wie Ebene mit Blumen

kō pas ken vēšun e sot me crúle.
hast gehabt gewesen gekleidet und heute mit Lappen

25 s te kā métun as èmen as bēs,
nicht dir hat geblieben weder Name noch Glaube

vet e kē prišun per fáće t zēz.
selbst es hast vernichtet durch Antlitz schwarz (Unchre)

Šćyptār, me vllāzen jéni tuj vrā,
Albanier mit Brüder seid tödtend

nner ñi ćinn ćéta jéni šperdā:
in ein hundert Familien seid getrennt

sā thon : kam fēn, sā thon : kam dīn,
einige sagen habe Glauben den einige sagen habe Koran

30 ñēni thot : jam Turk, tjétri : Latín,
ein der sagt bin Türke ander der Lateiner

dŏ thon : Urúm, e dŏ thon : Škjē, e disā : tjer....
einige sagen Griechen und einige sagen Slaven und einige andere

por jéni vllāzen t ďith, moró t mjer!
aber seid Brüder all O arm

prift e hodž ju kan hutúe,
Priester und Hodža euch haben verdammt

per me ju dā e me ju vorfnúe.
um zu euch trennen und zu euch verarmen

35 vjen nīri i huj e ju rri n vōtr,
kommt Mann der fremd und euch bleibt an Herd

me ju turpnúe me grúe e me mōtr;
zu euch schänden mit Frau und mit Schwester

per sā páre, ći dŏ t fitóni,
für einiges Geld welches soll dass gewinnet

bēsen t pārve t ďith e harróni;
Glauben den Vorfahren der ganz ihn vergesset

bâheni robt e nīrit huj,
werdet Sklaven die die Mann des fremd

40 ći s kan gjúhen as ďákun t uj. —
welche nicht haben Sprache die noch Blut das ener

kjāni ju špāta e ju tyféće,
weinet ihr Schwerter und ihr Flinten

Šćyptāri u dzû, si zógu nner léće;
Albanier der sich fieng wie Vogel der in Schlingen

kjāni tríma bašk me nē,
weinet Tapfere zusammen mit uns (acc.)

se rā Šćypníja me fáće per dhē;
denn fiel Albanien das mit Antlitz zu Erde

45 s i kā métun as buk, as mǐš,
nicht ihm hat geblieben weder Brot noch Fleisch

as zjerm n vōtr, as drit, as plš,
weder Feuer in Herd noch Licht noch Kienholz

as ďak n fáće, as nnēr nner šok,
weder Blut in Antlitz noch Ehre unter Genossen

por fišt zaptúe e bâmun trōk.
sondern ist eingenommen und gemacht verdorrt

mlídhnju ju várza, mlídhnju ju grā,
versammelt euch ihr Mädchen versammelt euch ihr Frauen

50 me atá sŷ t búkur, ći díni me kjā:
mit jene Augen schön welche wisset zu weinen

t a vajtójm Šćypnīn e mjer,
dass es beweinen (wir) Albanien das arm

ći met e škret pā ćmen, pā nnōr,
welches blieb einsam ohne Namen ohne Ehre

kā met e vej, si grúe pā burr,
hat geblieben Witwe wie Frau ohne Mann

kū met si nān, ći s kā pas djal kurr. —
hat geblieben wie Mutter welche nicht hat gehabt Sohn jemals

55 kùj i bǎn zémra me e lan me dek
wem ihm macht Herz das zu es lassen sterben

ket fār trimnéšet, ći sot ǎšt mēk?
diese Art Tapferkeit (gen. unb.) welche heute ist erloschen

ket nān t dáštun ā dó t a lām,
diese Mutter geliebt ob soll dass sie lassen (wir)

ći nīri i huj t a šklas me kūm?
dass Mann der fremd dass sie trete mit Füsse

jo, jo, ket mārre askúš s e dó,
nein nein diese Schande niemand nicht sie will

60 ket fáće t zēz ďithkúš e drô.
dieses Antlitz schwarz (Unehre) jedermann es fürchtet

pāra se t húpet kštu Šćypníja,
bevor dass eingehe so Albanien das

me pǔšk ne dôr le t des trimníja!
mit Büchsen (acc.) in Hand lass dass sterbe Mannschaft die

čónju Šćyptār prej djúmit, čónju!
erhebt euch Albanier von Schlaf das erhebt euch
t djitb, si vllāzen, me ňi bēs šterngónju,
all wie Brüder mit einen Glauben verbindet euch
65 mos šikjóni kiš e džamíja:
nicht sehet Kirchen und Moscheen
féja e Šćyptārit âšt Šćyptaríja!
Glaube der der Albanier des ist Albanien das
ćȳš prej Tivárit e déri n Prevéze,
angefangen von Antivari und bis in Prevesa
djithkúnn lšŏn djĭlli vāp e rréze,
überall lässt Sonne die Hitze und Strahlen
âšt tok e jóna, t pārt n' a kan lan.
ist Erde unsere Vorfahren die uns sie haben gelassen
70 kuš mos t na perkásin, se désim t tān,
jemand nicht dass uns berühre denn [wir] sterben alle
désim si búrrat, ći dićne mótit
sterben wie Männer die welche starben [längst]
e mos turpnóbena perpāra Zótit!
und nicht uns schänden [wir] vor Herrn des.

b

Kā ken ňi grúe e vej, kíšte pas dy djelm e
hat gewesen eine Frau Witwe hatte gehabt zwei Knaben und
djálin e madh e kíšte n Bagdád paš. si u rrit djáli i vogl,
Knaben den groß ihn hatte in Bagdad Pascha als groß wurde Knabe der klein
i thon hállku: „i lúmi ti, ći kē ňi . vllā paš!" djáli thot:
ihm sagen Volk das glückliah der du der hast einen Bruder Pascha Knabe der sagt
„úne s kam vllā." atá i thon: „kē, por jot am nuk t
ich nicht habe Bruder jene ihm sagen hast aber deine Mutter nicht dir
5 kaldzón, pse drŏ, se škŏn edhé ti atjé." ne nésre e pvet
erzählt weil fürchtet dass gehst auch du dorthin an Morgen sie fragt
t ámen e vet e i thot: „nān, ā i menn, kam úne vllā?"
Mutter die seine und ihr sagt Mutter ob ein Sinn habe ich Bruder
„po, bírŏ," i thot e áma, „por mos bášin hajr atá, ći t
ja Sohn ihm sagt Mutter die aber nicht mögen machen gut jene die dir
kan kaldzúe." ky djáli i thot s ams: „ṇān, dúe me škúe
haben erzählt dieser Knabe der ihr sagt Mutter der Mutter will gehen
edhé un atjé te em vllā." e áma i thot: „hajt, bi,ō, por
auch ich dorthin zu mein Bruder Mutter die ihm sagt geh Sohn aber
10 m a ma ňikét bēs : no hašš me nnoj ćóse n rrug,
mir es halte dieses Versprechen wenn triffest mit irgend einen Unbärtigen an Weg
kthe prèp n špí."
kehre zurück in Haus.

u nis   ky   djáli,   bâni   tri   dit   rrug   lèrk,   hási   n   ćóse
brach auf dieser Knabe der machte drei Tage   Weg   weit   traf   in   Unbärtigen

edhé   ktbej   n špī.   u nis   prèp   mas   disā   ditā,   masí   bâni
und   kehrte zurück in Haus brach auf wieder nach   einige Tage (gen. wob.) nachdem machte

ďašt   dit   rrug,   hási   prèp   n   ćóse,   nuk   kthej   mā   n špī   e
sechs   Tage   Weg   traf   wieder in   Unbärtigen nicht kehrte zurück mehr in Haus und

15 u nis.   tuj škúe   e   pvet   ćósja,   "ku   po   škön?"   djáli   i
brach auf   gehend   ihn   fragte Unbärtig der wohin   denn gehst   Knabe der ihm

kaldzón: "kam   ñi   vllā   paš   n   Bagdád   e   dúe   me škúe
erzählt   habe   einen Bruder Pascha in   Bagdad   und will   gehen

atjé."   edhé   ćósja   i   thot: "edhé   úne   jam   nis   atjé   e
dorthin   und   Unbärtig der ihm sagt auch   ich   bin   aufgebrochen dorthin und

po bâhena   šok   bašk".
uns machen uns (wir) Gefährten zusammen.

tuj škúe   rrugs,   ky   ćósja   e   ćíti   rrug   pā   rrug   edhé   ktī
gehend   Weges des dieser Unbärtig der ihn sag Weg   ohne   Weg   und   diesem

20 djálit   i   erdh et.   e   čoj   ćósja   te   ñi   pus,   por   ky
Knaben dem ihm   kam Durst ihn schickte Unbärtig der zu   ein   Brunnen   aber   dieser

pus   nuk   kíšte   as   kov   as   konóp.   i   thot   ćósja: po   t
Brunnen nicht hatte   weder Eimer noch   Seil   ihm sagt   Unbärtig der nun dich

lídhi   me   brez   e   po   t   maj   e   ti   hīn   mrènn   e   pi   ūj."
binde   mit   Gurt   und   nun dich halte und du   gelangst hinein und trinke Wasser

edhé   ky   djáli   u lidh   me   brez   e   híni   mrènn.   masí
und   dieser Knabe der wurde gebunden mit   Gurt und gelangte hinein   nachdem

píu   ūj,   i   thot: "m   dzīr   prej   púsit,   se   u ngína
getrunken hatte Wasser ihm sagt mich   ziehe   aus   Brunnen des, denn   mich sättigte (ich)

25 me   ūj."   ky   ćósja   i   thot: "úne   nuk   t   dzīri   prej   púsit
mit Wasser dieser Unbärtig der ihm sagt   ich   nicht dich ziehe   aus Brunnen des,

nnrýšej,   večsć   me   ñitó   šárte: ti   me ken   ćósja   j em   e
andern   bloß als mit   diese   Bedingungen du würdest sein Unbärtig der mein und

úne   me ken   i   vllaj   i   pašs."   edhé   ky   djáli   nuk   pâ
ich   würde sein Bruder der der Pascha des und   dieser Knabe der nicht   sah

tjetr   ćájre   e   i   dha   bēsen   ći: "po,   por   m   dzīr   prej
ander   Mittel   und ihm gab   Versprechen das dass ja   aber   mich ziehe aus

púsit."   athér   e   dzūr   prej   púsit   e   u nísne   e   mrītne   n
Brunnen des da   ihn zog   aus   Brunnen des und brachen auf und gelangten in

30 špī   t   paš   edhé   páša   e   príti   me   ćēf.
Haus des Pascha des und   Pascha der ihn empfieng mit   Freude.

e   ne   nésre   i   thot   ćósja   pašs: "ā   kō   nnoj
und an   Morgen   ihm sagt   Unbärtig der Pascha dem ob   hast irgend eine

havále   n   ket   šehr,   se   úne   kam   ćósen   t   em trim
Unannehmlichkeit in diese Stadt   denn   ich   habe Unbärtig den   meinen tapfer

fort   e   čfárdo   štâset   me ken,   ky   e   myt."   munnóhej
sehr   und was Gattung will Thieres würde sein dieser es tödtet   trachtete

ky   ćósja   me   mujt   e   me   myt   ket   djálin,   pse   dróte,
dieser Unbärtig der zu können und zu tödten diesen Knaben den denn   fürchtete

— 8 —

35 se i kaldzón páša, ći: "úne jam yt vllā e jo ky
daß ihm erzählt Pascha dem daß ich bin dein Bruder und nicht dieser

ćósja." edhé páša i thot: "ûât ñi kulšédr filán venn, e
Unbärtig der und Pascha der ihm sagt ist ein Drache gewissen Ort und

hajt, e myt e." edhé ky djáli i thot: "dúe me m
geh und tödte ihn und dieser Knabe der ihm sagt will mir

nnez ñi zjerm t madh edhé dy topúza." páša j
zünden ein Feuer groß und zwei Aexte Pascha der ihm

a bâni me t špejt. škoj ky djáli atjé, dūl kulšédra
es machte mit Schnelle gieng dieser Knabe der dorthin kam heraus Drache der

40 edhé sýni me hangr ket djálin, edhé ky djáli me t
und stürzte zu fressen diesen Knaben den und dieser Knabe der mit

špejt i rā topúz krēs e e mýti.
Schnelle ihm schlug Axt Kopf dem und ihn tödtete.

i vojt habéri pašs, ći ky djáli e mýti kulšédren,
ihm gieng Nachricht die Pascha dem daß dieser Knabe der ihn tödtete Drachen den

edhé páša i dha nišán e e dešt fort. ky ćósja.
und Pascha der ihm gab Auszeichnung und ihn liebte sehr dieser Unbärtig der

u bâ me vrā védin, pse kište frig, se i kaldzón,
sich machte zu tödten selbst weil hatte Furcht daß ihm erzählt

45 ći: "úne jam yt vllā". — i thot prěp ćósja: "ā kě
daß ich bin dein Bruder ihm sagt wieder Unbärtig der ob hast

tjetr murád?" "po", thot páša, "jam fejúe per t bīn
andern Wunsch ja sagt Pa-cha der bin verlobt für Tochter die

e šáhit Adžèmit e, sā áśćer kam čúe atjé, m i
die Schah des Persien des und soviel Heer habe geschickt dorthin mir sie

kan myt t dīth." e čūne ket djálin atjé. ky djáli
haben getödtet alle ihn schickten diesen Knaben den dorthin dieser Knabe der

mūr nnândhét e štat vet me védi e u nis.
nahm neunzig und sieben Mann mit sich und brach auf.

50 tuj škúe, děn ñi djal n breg t ñi ujt. ky
gehend findet einen Burschen an Ufer däs ein Wassers dieser

djáli ket ūj her e píte t tān, her e víllte. rri
Bursche der dieses Wasser bald es trank ganz bald es spie bleibt

e šikjón ky djáli me áśćer t vet e pvet: "ška bân
und sieht zu dieser Knabe der mit Heer sein und fragt was machst

ktu?" i thot: "tjetr pun nuk kam, por rrī e los
hier ihm sagt andere Arbeit nicht habe sondern bleibe und spiele

me ket ūj". i thot ky: "ā vjen me múe?" edhé ky
mit diesem Wasser ihm sagt dieser ob kommst mit mich und dieser

55 i thot: "po, po, vi". tuj škúe mâ lèrk, děn ñi
ihm sagt ja ja komme gehend mehr weit findet einen

djal tjetr tuj lujt me lópra: her i lšóte lóprat, her
Burschen ander spielend mit Hasen bald sie ließ Hasen die bald

i dzète, kać vrep kište. e pvet ket: "ška bân ktu?"
sie fieng soviel Lauf hatte ihn fragt diesen was machst hier:

i	perćéć:	„úne	tjetr	pun	nuk	kam,	por	rrī e	los
ihm	antwortet	ich	andere	Arbeit	nicht	habe	sondern	bleibe und	spiele
me	ňitó	lépra". —	„ā	vjen	me	múe?"	i	thot, edhé	ky
mit	diese	Hasen	ob	kommst	mit	mich	ihm	sagt und	dieser
60 i	thot:	„po,	po,	vi."	tuj	škúe	mâ	'nnéj, rrīn	e
ihm	sagt	ja	ja	komme	gehend	mehr		dorthin bleiben	und
pušójn	nnen	ňi	lis.	atý	m	at	lis	kíšte ken ňi	čérdhe
ruhen	aus	unter	eine	Eiche	dort	auf	jene	Eiche hatte gewesen ein	Nest
me	zoć	t	šćýpes.	u ňit	m	`at	lis	ňi ďárpen	me
mit	Junge	die	Adlerin der	stieg	auf	jene	Eiche	eine Schlange	zu
hangr	zoćt	e	bertítne	zoćt.	ky	djáli	u čúe	n	kām
fressen	Junge die	und	schrieen	Junge die	dieser	Knabe der	sich erhob	in	Füsse
e	vráu	ďárpnin.	mas	ňi	grimet	her	vjon	šćýpija	dogrí
und	tödtete	Schlange die	nach	eines	Stückes	Zeit	kommt	Adlerin die	gerade
65 mī	ket	djúlin,	me	i	dzjer	sýt	edhé	zoćt	bertítne:
auf	diesen	Knaben den	um zu	ihm	hacken aus	Augen die	und	Junge die	schrieen
„mos	j	a	dzīr	sýt,	se	ky	na	pštoj prej	ďárpnit."
nicht	ihm	sie	hacke aus	Augen die	denn	dieser	uns	befreite von	Schlange der
edhé	šćýpija	i	thot	ktī	djálit:	„ti,	ći	m kš	pštúe
und	Adlerin die	ihm	sagt	diesem	Knaben dem	dn	der	mir hast	befreit
fmīt	e	mī,	ška	lyp	prej	méjet?"	djáli	i thot:	„kúrďā
Kinder die	meine	was	verlangst	von	meiner	Knabe der ihr	sagt	gar nichts	
nuk	dúe".	šćýpija	i	nep	ňi · púpul	t	kráhit	vet,	i
nicht	will	Adlerin die	ihm	gibt	eine Flaumfeder	die	Flügel des	ihr	ihm
70 thot:	„kūr	t	kēš	idizā	per	múe,	štjer	e n	zjerm e
sagt	wann	dass	habest	Noth	um	mich	wirf	sie in	Feuer und
úne	kam	me	ardh	me	t	špejt."	e	mūr ket	púpul,
ich	habe	zu	kommen	mit		Schnelle	sie	nahm diese	Feder
e	štíni	n	džep	e	u nísne	tek	annéj.	tuj škúe	has
sie	steckte	in	Tasche	und	brachen auf	bis	dorthin	gehend	triffl
me	ňi	karván	t	thnéglave,	edhé	ky	nuk	i bje	per
mit	eine	Karawane	die	Ameisen der	und	dieser	nicht	ihnen fällt	durch
mjedís	por	i	škön	per	ānet,	mos	me	i čart.	i thot
Mitte	sondern	ihnen	geht		Seite [gen. umb.]	nicht	um zu	sie verderben ihm	sagt
75 e	pāra	thnéglave:	„pse	nuk	i rê	per	mjedís,	por	
Erste	die	Ameisen der	warum	nicht	ihnen fleist	durch	Mitte	sondern	
škóve	per	ānet?"	i	perćéć:	„per	mos	me t	bâ	zollúm."
giengst	zu	Seite [gen. umb.]	ihr	antwortet	um	nicht	an dir	machen	Schaden
i	thot	e	pāra	thnéglave:	„per	nnēr,	ći	m bâne,	po
ihm	sagt		Erste die	Ameisen der	für	Gunst	die	mir machtest	nun
t	nap	kráhin	t em	e,	kūr	t kēš	idizā	per	múe,
dir	gebe	Flügel den	mein	und	wann	dass habest	Noth	um	mich
štjer	e	n	zjerm,	se	úne	t	vi me	t špejt	me ďith
wirf	ihn	in	Feuer	denn	ich	dir	komme mit	Schnelle	mit all
80 ásćer	t	em."							
Heer		mein.							

	mrītne	kto	te	šáhi	Adžěmit.	čoj	fjal	ky	djáli:
	gelangten	diese	zu	Schah der	Persien des	sandte	Wort	dieser	Knabe der
"kam	ardh	me	marr	núsen	e	pašs."	i	thot	šáhi:
habe	gekommen	zu	nehmen	Braut die	die	Pascha des		ihm	sagt	Schah der
"dŏ	t	hāni	kā	tre	ćinn	sahána	jemćk	per	krýe,	athér
soll	dass	esset	je	drei	hundert	Schüsseln	Speisen	per	Kopf	dann
e	merr	núsen."	i	thot	ky	djáli,	ći	píte	ūjn:	"thuj
sie	nimm	Braut die	ihm	sagt	dieser	Bursch der	welcher	trank	Wasser das	sage

85 po, se i hā vet t tān." i čŏn šáhi kā tre ćinn
ja denn sie esse selbst gans ihnen schickt Schah der je drei hundert

sahána jemćk per krýe. hángrne ška mújtne ásćeri tjetr
Schüsseln Speisen per Kopf aßen was konnten Heer das ander

perpāra e kusūrin e hángri ky t tān e i šíni sahánat.
zuerst und Rest den ihm aß dieser ganz und sie scheuerte Schüsseln die

i híni fríga šáhit. i thot prěp šáhi: "kuš múnnet
ihm kam hinein Schrecken der Schah dem ihm sagt wieder Schach der wer vermag

me marr bajrákun perpāra atlīve mī, athór merr e
zu nehmen Fahne die vor Reiter der [gen. pl.] meine dann nimm sie

90 núsen." i thot ky, ći dzěte léprat: "mos u frigó,
Braut die ihm sagt dieser welcher fieng Hasen die nicht erschrick

se e marr un bajrákun." dūlne atlīt n mejdán e i
denn sie nehme ich Fahne die kamen hinaus Reiter die in Plats und ihnen

thon ktýnve: "bânju gāti e hýpni kválve." kto i
sagen diesen macht euch bereit und steiget auf Pferden den diese ihnen

perćéćin: "s kéna idizā per kval." i thot ky, ći dzěte
antworten nicht haben Noth um Pferde ihnen sagt dieser welcher fieng

léprat: "príni ju perpāra!" i lšūn kvalt vrep kto e
Hasen die gehet voraus ihr zuerst sie ließen Pferde die schnell diese und

95 ky, ći dzěte léprat, met mā i mrámi, e u lšúe vrep
dieser welcher fieng Hasen die blieb mehr letzt der und sich ließ los schnell.

e i dzúni atá, ći kjen nner kval, e i kalój
und sie fieng jene welche waren auf Pferde und sie überholte

edhé mūr bajrákun. i diftūn šáhit e i híni fríga
und nahm Fahne die ihm meldeten Schah dem und ihm kam hinein Furcht die

fort e prěp nuk j a nep vájzen. i thot šáhi: "kam
sehr und wieder nicht ihm sie gibt Tochter die ihm sagt Schach der habe

üi hamār plot me grun e me elb edhé me mel,
einen Getreideboden voll mit Weizen und mit Gerste und mit Hirse

100 e kéni me m a dā grúnin pos, edhé élbin pos,
und habet zu mir es trennen Weizen den für sich und Gerste die für sich

edhé mélin pos, e kéni tri dit myhlét e mosnnéj
und Hirse die für sich und habet drei Tage Frist und dann

ju nap vájzen." ky djáli u frigúe, pse nuk mújšin
euch gebe Mädchen das dieser Knabe der erschrak denn nicht konnten

me i dlīr. mosnnéj i bje nner menn ktī per krab,
sie reinigen darauf ihm fällt in Sinn diesem wegen Flügel

— 11 —

ći i pat dhan e pāra thnéglave, e ćĺti n zjerm at
welchen ihm hatte gegeben Erste die Ameisen der ihn warf in Feuer jenen

105 krah, j a mríni mejhér e pāra thnéglave me ďith ásćer
Flügel ihm langte an sogleich Erste die Ameisen der mit all Heer

t vet, i thot: „ška lyp prej méjet?" ky djáli i
ihr ihm sagt was verlangst von meiner dieser Knabe der ihr

thot: „dúe me m dā pos ñikét hamār, ći ǎšt plot
sagt verlange zu mir trennen für sich diesen Getreideboden welcher ist voll

me grun e me elb e me mel, kō me dā grúnin
mit Weizen und mit Gerste und mit Hirse hast zu trennen Weizen den

pos, mólin pos, élbin pos." edhé kjo me t špejt štíni
für sich Hirse die für sich Gerste die für sich und diese mit Schnelle steckte

110 thnéglat mrènn e j a dau pos per tre sahát. i čōn
Ameisen die hinein und ihm es trennte für sich durch drei Stunden ihm sendet

fjal šáhit: „m a nep vájzen tèš, se berećétin e dáva
Wort Schah dem mir es gib Mädchen das jetzt denn Getreide das es trennte (ich)

pos seicílen." e šáhi u habit: „ā kā sesí, me pas
für sich jedwedes und Schah der erstaunte ob hat möglich zu haben

marúe ky per tre sahát?" škūn e šikjūn e pâne, e
geendigt dieser durch drei Stunden giengen und schauten und sahen und

ište dā tamán si dúhet. i thot šáhi: „dúe prej juš
war getrennt gerade wie braucht (es) ihm sagt Schah der verlange durch euch

115 ñi šíše ūj me marr nnermjét ñatýne dy máleve, ći
eine Flasche Wasser zu nehmen inmitten jener zwei Berge der welche

nnéšen šoć me šoć, e aj ūj ište ilāč fort, ći
zusammentreffen Genosse mit Genosse and jenes Wasser war heilend sehr welches

ñallte edhé t dékunin, por nuk ište memćým me
anferweckte auch Todten den aber nicht war möglich zu

u marr aj ūj." i bje nner menn per púpul t šćýpes
werden genommen jenes Wasser ihm fällt in Sinn wegen Flaumfeder die Adlerin der

ktI djálit, e mūr, e štíni n zjerm, erdh šćýpija mejhér,
diesem Knaben dem sie nahm sie warf in Feuer kam Adlerin die sogleich

120 i thot: „ška dō prej méjet?" i thot: „dúe ñi šíše
ihm sagt was willst von meiner ihr sagt verlange eine Flasche

me ūj me marr ne funn t ñatýne dy máleve, ći
mit Wasser zu nehmen in Hintergrund den jener zwei Berge der welche

nnéšen bašk." škoj šćýpija edhé e mūr e j a dha
treffen zusammen gieng Adlerin die und es nahm und ihm es gab

ktI djálit, edhé j a čūne šáhit, por kjo vájza
diesem Knaben dem und ihm es schickten Schah dem aber dieses Mädchen das

e kište marr pǎk así ūjt edhé e mūr ky djáli
es (acc.) hatte genommen wenig dieses Wassers und sie nahm dieser Knabe der

125 núsen e kthȳne me škúe n venu t vet.
Braut die und kehrten zurück zu gehen in Ort ihren.

— 12 —

130	u	afrūne	te	špíja	paš	tuj	knnúe	e	tuj	bâ	čēf.
	sich	näherten	zu	Haus das	Pascha des	singend		und		machend	Lustigkeit

nnjéu	ky	ćósja,	se	po	vīn,	i	dūl	perpāra	e	prej
hörte	dieser	Unbärtig	der	dass	gewiss	kommen	ihnen	gieng	entgegen	und	aus

idhnímit,	ći	pat,	pse	kthej	ky	djáli	šnnoš	e	me	fáće
Zorn des	den	hatte	weil	kehrte zurück	dieser	Knabe der	gesund	und	mit	Antlitz

t	bardh,	dzūr	kllýčin	e	e	préu	per	mjedís,	e	rā
weiß [d. h. Ehre]	sog	Schwert das	und	ihn	schnitt	durch	Mitte	und	fiel

dékun	ky	djáli.	nnjéu	páša,	se	ćósja	e	mýti	ket
todt	dieser	Knabe der	hörte	Pascha der	dass	Unbärtig der	ihn	tödtete	diesen

135 | djálin, | u | bâ | me | lujt | męč | prej | idhnímit, | ći | e | mýti |
|---|---|---|---|---|---|---|---|---|---|---|
| Knaben den | wurde | zu | (närrisch werden) | aus | Zorn des | dass | ihn | tödtete |

ket	djálin,	se	e	dóte	fort.	at	nat	nuk	fjet	me	grúe,
diesen	Knaben den	denn	ihn	liebte	sehr	jene	Nacht	nicht	schlief	mit	Frau

as	nuk	hángri	buk,	as	kúrdā,	prej	idhnímit,	por	e
noch	nicht	aß	Brot	noch	je was	aus	Zorn dem	aber	ihn

kíšte	vllā	ket	ćósen	e	s	kíšte,	ška	me	i	bâ,	se
hatte	Bruder	diesen	Unbärtig den	und	nicht	hatte	was	zu	ihm	machen	denn

s	dóte	me	e	pâ	me	sý.
nicht	wollte	ihn	sehen	mit	Augen.

140 | por | kjo | núsja | e | kíšte | lýe | ket | djálin | me | así |
|---|---|---|---|---|---|---|---|---|---|
| aber | diese | Braut die | ihn | hatte | gesalbt | diesen | Knaben den | mit | diesem |

ūjt	e	íšte	ňáll	prēp	e	páša	nuk	díte	dâ,	se	âšt
Wasser	und	war	anferweckt	wieder	und	Pascha der	nicht	wusste	etwas	dass	ist

ňáll	ky	djáli.	škön	ky	djáli	ne	nésre	n	špi	t
aufgeweckt	dieser	Knabe der	geht	dieser	Knabe der	an	Morgen	in	Haus	das

paš,	por	nuk	e	ňófin,	se	kuš	âšt.	thot	ky	djáli:
Pascha des	aber	nicht	ihn	kennen	dass	wer	ist	sagt	dieser	Knabe der

„dúe	me	bî	te	páša,	se	kam	ňi	fjal	edhé	dúe,	ći
will	gelangen	zu	Pascha der	denn	habe	ein	Wort	und	will	dass

145 t	jēn	mečlízi	atý."	i	thon	bysmećárt:	„nuk	âšt	pun,
sehen	Rath der	dort	ihm	sagen	Diener die	nicht	ist	Sache

ći	bâhet,	per	me	fol	me	pášen,	se	âšt	idht	fort,
welche	wird	um	zu	sprechen	mit	Pascha den	denn	ist	zornig	sehr

se	i	kan	myt	javérin	e	tî."	thot	djáli:	„dö	mos
weil	ihm	haben	getödtet	Adjutanten den		seinen [gen.]	sagt	Knabe der	will	nicht

dö,	dúe	me	fol."	i	kaldzójn	paš:	„ňi	djal	âšt,
will,	will [ich]	sprechen	ihm	erzählen	Pascha dem	ein	Knabe	ist

dö	me	fol	me	zotnīn	t	ánne."	páša	băn	èmer:	„le
will	sprechen	mit	Herrlichkeit	deine	Pascha der	macht	Befehl	lass

150 t | vīn l" | — | bíni | mrènn | ky | djáli, | fillój | me | fol | e | thot: |
|---|---|---|---|---|---|---|---|---|---|---|
| dass | komme | gelangte | hinein | dieser | Knabe der | begann | zu | sprechen und | sagt |

„ňi	nīri,	ći	t	a	nep	bēsen	per	t	dāll,	nuk	vīn
ein	Mann	welcher	dir	es	giebt	Versprechen das	für		Leben	nicht	ist gut

me	e	čart?"	—	páša	e	mečlízi	thon:	„jo,	s	dö	čart."
zu	es	brechen		Pascha der	und	Rath der	sagen	nein	nicht	soll	brechen

b — 13 —

b

— "e masí t désin e m u ňáll prèp, mosnnéj bčs
und nachdem dass sterbe und würde auferstehen wieder dann Versprechen

nuk kā mâ?" — "jo, athér kā marúe bčsa." — "e prā
nicht hat mehr nein dann hat geendigt Versprechen das und daher

155 úne ňitěš po diftój, per t ďall t em nuk kam diftúe,
ich jetzt gewiss sage für Leben mein nicht habe gesagt

úne kam dek e u ňálla prèp e po kaldzój ći : úne
ich habe gestorben und wurde anferweckt wieder und gewiss sage dass ich

jam i vllaj i pašs, se ky ćóaja nuk âǎt, por i
bin Bruder der der Pascha des denn dieser Unbärtig der nicht ist aber ihm

kam pas dhan bēsen, mos me kaldzúe per t ďall",
habe gehabt gegeben Versprechen das nicht zu erzählen für Leben

e i kaldzój vakijāden, si i kā bâ rrugs tuj ardh.
und ihm erzählte Begebenheit die wie ihm hat gethan Weg des kommend

160 athér pášs u bâ n ćēf fort, e mūr n nryk ket
da Pascha der wurde in Freude sehr ihn nahm an Hals diesen

djálin e bâni zjafét t madh, e porosíti ŏi furr t
Knaben den und machte Gastmal groß und befahl einen Backofen

nnézun e ket ćósen e štíņi mrènn n furr ďall e
angezündet und diesen Unbärtig den ihn warf hinein in Backofen lebend und

múe ďā nuk m dhan.
mir etwas nicht mir geben.

c

Kā ken ňi grúe plāk e kište pas ňi djal, por
hat gewesen eine Frau alt und hatte gehabt einen Knaben aber

aj djáli ište tevećél. kjo e áma ište fukarā, tjetr t
Jener Knabe der war dumm diese Mutter die war arm ander

mir s kište, večsé tírte pêj línit, per me jetúe
Gut nicht hatte bloß dass spann Fäden Flachses um zu leben

ďall. ňi dit i thot i bíri: "nān, po škoj e i šes
lebendig einen Tag ihr sagt Sohn der Mutter nun gehe und sie verkaufe

5 úne pêjt sot." — "áni, hajt, bírō, šit pêjt e blej
ich Fäden die heute es sei gehe Sohn verkaufe Fäden die und kaufe

buk." — škoj ky djáli me šit pêjt edhó i šíti tre
Brot gieng; dieser Knabe der zu verkaufen Fäden die und sie verkaufte drei

kacílla. tuj škúe me blē buk, has dŏ džagajdūr tuj myt
Kazili gehend zu kaufen Brot trifft einige Landstreicher tödtend

ňi ćen. i thot ky djáli: "amán, mos c mýtni, se
einen Hund ihnen sagt dieser Knabe der Erbarmen nicht ihn tödtet denn

ãšt ďynáh." — "hajt moré i mārr!" i thon kto džagajdürt.
ist Sünde geh o närrisch ihm sagen diese Landstreicher die

10 i thot ky: "ā m a šítni múe?" — kto thon: "po, po,
ihnen sagt dieser ob mir ihn verkaufet mir diese sagen ja ja

— 14 —

t	a	ŏćsim."	—	ₙe	sā	lýpni	m	te?"	—	kto	thon:	ₙdy
dir	ihn	verkaufen		und	wieviel	verlangt	für	ihn		diese	sagen	swei

kacílla e dys." — ₙáni, mir!" j a dha dy kacílla e
Kasill und halb es sei gut ihnen sie gab swei Kasill und

dys, e dys kacíllit e bléu muŝkoI per ćen. ŝkŏn n
halb und halb Kasill sie kanfte Leber für Hund geht in

ŝpI te e áma, i thot: ₙnān, kam blē ñi ćen." e áma
Hans su Mutter die ihr sagt Mutter habe gekauft einen Hund Mutter die

15 i thot: ₙt rraft píka, bIr, ŝka m dúhet ćéni múe?"
ihm sagt dich treffe Schlag der Sohn was mir braucht Hund der mir

e ŝkréta áma mūr fúrken me tjerr prèp. marój s tjérrunit,
arm die Mutter die nahm Spinnrocken den su spinnen wieder endigte Spinnen des

ćŏn prèp djálin me i ŝit pêjt. i ŝíti pêjt. prèp
schickt wieder Sohn den nm su sie verkaufen Fäden die sie verkaufte Fäden die wieder

has tuj myt ñi mIc, edhó ket mIc e bléu porsí ćénin,
trifft tödtend eine Katze auch diese Katze sie kaufte wie Hund den

edhé i bléu mIcs peŝk. ŝkŏn te e áma, i thot: ₙnān,
und ihr kaufte Katze der Fisch geht su Mutter die ihr sagt Mutter

20 kam blē mIc." i thot e áma: ₙmIca t hángrt veŝt,
habe gekauft Katze ihm sagt Mutter die Katze die dir möge fressen Ohren die

bírŏ, se na s kéna ćă hām vet, jo me i dhan
Sohn denn wir nicht haben was essen [wir] selbst nicht um su ihr geben

mIcs me hangr." — fillój prèp me tjerr, marój s tjérrunit,
Katze der su fressen begann wieder su spinnen endigte Spinnen des

ŝkŏn prèp ky djáli, i ŝíti. prèp has tuj myt ñi gamár.
geht wieder dieser Knabe der sie verkaufte wieder trifft tödtend einen Esel

i thot ky djáli: ₙmos e mýtni e m a ŝítni múe
ihnen sagt dieser Knabe der nicht ihn tödtet und mir ihn verkaufet mir

25 at gamár." edhé kto s e mýtne, e bléu ky djáli
enen Esel und diese nicht ihn tödteten ihn kaufte dieser Knabe der

pêsdhét páre e dhet páre i bléu kăŝt e ŝkoj n ŝpI
Unfalg Paar und sehn Paar ihm kaufte Spreu und gieng in Haus

máje gamárit. e áma príte, se po i vjen búka, e
Spitze Esel des Mutter die wartete dass gewiss ihr kommt Brot das ihn

ŝef e áma ne gamár. i thot djáli s ams: ₙkam blē
sieht Mutter die auf Esel ihr sagt Knabe der Mutter der habe gekauft

gamár." e áma e ŝkret íŝte fik únit, tūr me t
Esel Mutter die arm war entkräftet Hungers [abl.] spann mit

30 ŝpejt prèp lĭj edhé ŝkoj vet e i ŝíti.
Schnelle wieder Flachs und gieng selbst und sie verkaufte.

i bíri ŝkoj per drû me gamár; si préu drût,
Sohn der gieng um Holz mit Esel wie hatte geschnitten Holz das

nnarkój gamárin e, tuj ardh n ŝpI, po u dićte ñi báhče.
belud Esel den und kommend in Haus nun brannte ein Garten

nálet ky djáli e ŝikjón e kíŝte nuêj ñi ďárpen máje
bleibt stehen dieser Knabe der und schaut su und hatte gesessen eine Schlange Spitze

ñi   fikut   e   s   kíšte,   kah   me   ik.   i   thot   ky   dárpni:
eines   Feigenbaumes und nicht hatte   wo   zu   entkommen ihm sagt   diese Schlange die

35 „m   pěto   i   biri   i   nirit   prej   ktɪ   zjérmit."   ky   i   thot:
mich   befreie   Sohn der der Mensch des von   dieses Feuer des   dieser ihr sagt

„ti   jē   dárpen   e   m   hă   e   nuk   t   dzā   bēs."   dárpni
du   bist Schlange   und mich frissest und nicht   dir   leihe   Vertrauen Schlange die

i   thot: „ne   m   pětoš   prej   ktɪ   zjérmit,   úne   kam   me
ihm sagt   wenn   mich befreitest   von   dieses   Feuer des   ich   habe   an

t   ćitun   čirák."   edhé   ky   djáli   híni   mrònn   n   báhče   e
dich gestalten glücklich   und   dieser Knabe der gelangte   hinein   in   Garten   und

dzūr   dárpnin.   si   e   dzūr,   i   thot   dárpni: „éja   me   múe
zog heraus Schlange die wie   sie   hatte gezogen ihm sagt   Schlange die komme   mit   mich

40 e   t   škojm   te   špélla,   se   atjó   kam   nānen   t   éme   edhé
und dass gehen [wir] zu   Höhle die   denn   dort   habe   Mutter die   meine   und

vllāznit."   škön   ky   me   te,   i   thot   dárpni   rrugs   tuj škúe:
Brüder die   geht   dieser   mit   sie   ihm   sagt   Schlange die   Weg des   gehend

„tjetr   dā   mos   i   merr   nāns   por   mbýrin,   ći   kā   nnen
ander   etwas   nicht   ihr   nimm   Mutter der   außer   Siegel das   welches   hat   unter

gjûh."   — mritne   te   špélla,   i   del   e   áma   dárpnit   perpāra,
Zunge   gelangten   zu   Höhle die   ihnen   geht   Mutter die   Schlange der   entgegen

me   e   hangr   ket   djálin,   e   dárpni   i   thret   s   ams:
um zu ihn fressen   diesen Knaben den   und   Schlange die   ihr   ruft   Mutter der

45 „nān,   mos   e   prek   ket   djálin,   se   ky   m   pětoj   prej
Mutter   nicht   ihn   berühre   diesen   Knaben den   denn   dieser   mich   befreite   von

zjérmit."   edhé   nuk   e   préku.   i   thot   dárpni: „nān,   nep
Feuer des   und   nicht   ihn   berührte   ihr   sagt   Schlange die   Mutter   gib

i   nnoj   senn   ktɪ,   ći   m   kā   pětúe   prej   zjérmit."   i
ihm irgend eine Sache   diesem   der   mich   hat   befreit   von   Feuer des   ihm

thot: „ěka   dó   prej   méjet?"   djáli   thot: „tjetr   dā   nuk
sagt   was   willst   von   meiner   Knabe der   sagt   ander   etwas   nicht

dúe,   por   ñat   mhyr,   ći   kē   nnen   gjûh."   edhé   kjo   j
will   außer   jenes   Siegel   welches   hast   unter   Zunge   und   diese   ihm

50 a   dha   e   i   thot: „ěka   t   i   lypš   ktɪ   mhyr,   kā   me
es   gab   und ihm   sagt   was   dass   ihm abverlangst diesem Siegel   hat   zu

t   ardh,   por   mos   e   tret."   škoj   djáli   n   špɪ,   i   thot
dir kommen   aber   nicht   es   verliere   gieng   Knabe der   in   Haus   ihr   sagt

s   ams: „nān,   éja,   hă   buk."   — „s   kéna   kúrdā,   bírō,
Mutter der Mutter   komm   iss   Brot   nicht   haben [wir]   gar nichts   Sohn

ěka   me hangr."   — hájde,   hájde,   se   sófra   ǎšt   tuj   m
was   würden essen   komm   komm   denn   Tisch der   ist   mir

ardh   me   ñi   mɪ   t   míra."   — škön   e   áma   per   séri
kommend mit   ein   tausend   Güter   geht   Mutter die   aus Neugierde

55 me   pā: „palé,   č   fār   sófret   kā   ky,   ći   m   thret?"
zu   sehen   oho   welche Gattung   Tisches   hat   dieser   dass   mich   ruft

i   thot   mbýrit: „mhyr,   m   a   bjer   ñi   sofr   me   dith
ihm sagt   Siegel dem   Siegel   mir   ihn   bringe   einen   Tisch   mit   alle

— 16 —

fār dellŝ," e i erdh mejhér. masí hángrne buk, i
Gattung Speisen (gen.) und ihm kam sogleich nachdem hatten gegessen Brot ihr

thot djáli s ams: „dúe me marr t bin e mrétit."
sagt Knabe der Mutter der will nehmen Tochter die die Sultan des

i thot s ams: „hajt e thuj te mréti: djáli
ihr sagt Mutter der geh und sage zu Sultan der Sohn der

60 j em lyp vájzen t ánne." ŝkön e áma te
mein verlangt Mädchen das deine geht Mutter die zu

mréti e i thot: „djáli j em dó vájzen t ánne
Sultan der und ihm sagt Sohn der mein will Mädchen das deine

per grúe." i ćet dževáp mréti: „kūr t a bâjn sarájn
zu Frau ihr gibt Antwort Sultan der wann dass ihn mache Palast den

mâ t mir se t émin, athér e merr vájzen t éme."
mehr gut als meinigen dann es nimm Mädchen das meine

ŝkön e áma n ŝpĭ, i kaldzón t bĭrit: „kā than mréti:
geht Mutter die in Haus ihm erzählt Sohn dem hat gesagt Sultan der

65 kūr t a bâjŝ sarájn mâ t mir se t émin, athér
wann dass ihn machest Palast den mehr gut als meinigen dann

t a nap vájzen." ky djáli i thot mhýrit: „dúe ñi
dir es gebe Mädchen das dieser Knabe der ihm sagt Siegel dem will einen

saráj mâ t mir se t mrétit." j u bâ mejhér edhé
Palast mehr gut als dén Sultan des ihm sich machte sogleich noch

mâ i mir se i mrétit. ŝkön prép e lyp vájzen, i
mehr gut als dér Sultan des geht wieder und verlangt Mädchen das ihm

thot: „djáli sarájn e godíti, tês dó vájzen." i thon
sagt Knabe der Palast den ihn verfertigte jetzt will Mädchen das ihr sagt

70 prép: „dúhet me bâ rrúgen, t dĭth ŝtrúe me rrása
wieder ist nothwendig zu machen Weg den ganz gepflastert mit Platten

sérmit, č fillón te saráj mrétit e déri te saráj j uj;
Silbern welcher beginnt bei Palast Sultan des und bis zu Palast euer

athér e merr vájzen." i kaldzón e áma t bĭrit: „ñikét
dann es nimm Mädchen das ihm erzählt Mutter die Sohn dem diese

dževáp m dhan, me godít rrúgen me rrása sérmit."
Antwort mir gaben zu verfertigen Weg den mit Platten Silbern

ky djáli i thot mhýrit: „mhyr, dúe rrúgen ŝtrúe me
dieser Knabe der ihm sagt Siegel dem Siegel will Weg den gepflastert mit

75 rrása sérmit," edhé rrúga u godít. ŝkoj te mréti. „dúe
Platten Silbern und Weg der wurde fertig gieng zu Sultan der will

vájzen," i thot pläka. prép i thon: „kūr t a bâjn
Mädchen das ihm sagt Alte die wieder ihr sagen wann dass sie (acc.) mache

takámin e ŝpĭs mâ t mir se t mrétit, j a nápim
Möblierung die die Haus des mehr gut als die Sultan des ihm es geben (wir)

vájzen." edhé takámin e báni. i čon fjal mrétit: „dúe
Mädchen das auch Möblierung die sie machte ihm schickt Wort Sultan dem will

vájzen, se t tān i kam bâ hazr." čön mréti e
Mädchen das denn ganz sie habe gemacht fertig schickt Sultan der und

— 17 —

80 šikjón,	t	d̕ith	takamıle	íšin	bâ	edhé	mréti	j	a	dha
schaut	alle	Möbel	waren gemacht	und	Sultan der	ihm	es	gab

vájzen.	— kūr	mas	disā	ditš	j	a	vodh	núsja	mhýrin.
Mädchen das	als	nach	einiger	Tage	ihm	es	stahl	Frau die	Siegel das

e	merr	ket	mhyr	núsja	e	i	thot:	„mhyr,	m	c̓it
es	nimmt	dieses	Siegel	Frau die	und ihm	sagt	Siegel	mich bringe

annéj	dētin	e	zı	e	len	e	kte	n	ksoll,	si	kā	ken
jenseits Meer das	schwarz und	lass	ihn	diesen	in	Hütte	wie	hat gewesen

perpāra."	edhé	kjo	dūl	m	at	ān	mejhér	me	d̕itb	mhyr
früher	und	diese	gieng	auf	jenes	Ufer	sogleich	mit sammt	Siege

85 e	ky	met	n	ksoll.	kerkó	aunéj,	kerkó	ktej,	kerkúnn
und dieser	blieb	in	Hütte	suche	dort	suche	da	nirgends

dermán	s	d̕et;	i	thot	c̓éni	e	mıca:	„po	škojm	e
Hilfe	nicht	fand	ihm	sagt	Hund der	und	Katze die	nun	gehen (wir)	und

t	a	d̕êjm	na."	—	„áni,	mir,	škóni,"	i	thot.
dir	es	finden	wir	es sei	gut	gebet	ihnen	sagt.

škūne	mıca	e	c̓éni,	dūlne	dētin	e	zı,	mıca	i
giengen	Katze die	und	Hund der	überschritten	Meer das	schwarz	Katze die ihm

hýpi	c̓énit	e	dūlne	m	at	ān.	tuj škúe	tek	annéj,	i
stieg auf	Hund dem	und	kamen hinüber	auf jenes	Ufer	gehend	bis	dorthin	sie

90 dzû	náta	n	rrug	e	u	nalūne	me	fjet	m	ñi	špı.
ergriff	Nacht die	in	Weg	und	blieben stehen	zn	schlafen	in	ein	Haus

bine	mrènn	mıca	e	c̓éni.	kūr	ñatý	prej	mjesnátet	po
gelangten hinein	Katze die	und	Hund der	als	dort	um	Mitternacht (gen.)	nun

nnın	mıca	ñi	žurm	mıš	e	škòn	e	prigjón	mas	pérdjet.
hört	Katze die	ein Geräusch	Mäuse (gen.)	und	geht	und	späht	hinter	Vorhanges

e	atý	po	íšte	darsm	rmıš	e	po	u	martóte	i	pāri
und dort	gewiss	war	Hochzeit	Mäuse (gen.)	und	gewiss	heiratete	Erste die

mıve,	e	ñathér,	c̓i	mríni	núsja	mınit	n	od,	hîn	edhó
Mäuse der	und	da	dass	kam hinein	Braut die	Maus der	in	Zimmer	tritt	auch

95 mıca	mrènn	e	mıt	u	frigūne.	i	thot	mıca:	„mos
Katze die	hinein	und	Mäuse die	erschraken	ihnen	sagt	Katze die	nicht

u	frigóni,	se	nuk	po	ju	perkás,	por	dúe	me	m	d̕ēt
erschrecket	denn	nicht	gewiss	euch	berühre	aber	verlange	nm zn	mir finden

ñikét	mhyr	e,	mos	mújši	me	m	a	d̕ēt,	úne	ju	hā
dieses	Siegel	und wenn nicht	könntet	mir	es	finden	Ich	euch fresse

núsen."	u	čūne	mıt	me	t	špejt,	tuj kerkúe	annéj	e
Braut die	sich erhoben	Mäuse die	mit	Schnelle	suchend	dort	und

ktej,	déri	sā	e	d̕étne	até	t	bın	e	mrétit	fjet,	por
da	bis dass	sie (acc.)	fanden	jene	Tochter die	die	Sultan des eingeschlafen	aber

100 kjo	e	kište	mšeh	ne	bir	t	hûnns	mhýrin	e	íšte
diese	es	hatte	verborgen	in	Loch das	Nase der	Siegel das	und	war

zōr	me	j	a	dzjer.	ška	bâni	ñēni	mı?	vojt	e	i
schwierig	um zu	ihr es	ziehen	was	machte	eine	Maus	gieng	und ihr

štíni	bištin	n	hûnn	e	i	gidzilój	hûnnen	e	kjo	u	teš,
steckte	Schweif den	in	Nase	und ihr	kitzelte	Nase die	und	diese	nieste

2

— 18 —

e i dūl mhýri prej hûnnet e j a bâne teslím mīt
und ihr kam heraus Siegel das aus Nase (abl.) und ihr es übergaben Mäuse die

mīca. u nis mīca e ćéni me dal dētin, i hýpi
Katze der brach auf Katze die und Hund der zu überschreiten Meer das ihm stieg auf

105 mīca ććnit. sä škūne n mjedís dētit, i thot ćéni:
Katze die Hund dem wie giengen in Mitte Meer des ihr sagt Hund der

„dúe me pas úne mhýrin." mīca i thot: „s t a
will haben ich Siegel das Katze die ihm sagt nicht dir es

nap." — fillūne me bâ šamát bašk. tuj bâ šamát, i rā
gebe begannen zu machen Streit zusammen machend Streit ihnen fiel

mhýri n dēt. si dūlne dētin, u nal mīca n breg t
Siegel das in Meer wie überschritten Meer das blieb stehen Katze die in Ufer das

dētit atý dūl ňi pešk i vogl, e mīca e kâpi at
Meer des dort kam heraus ein Fisch klein und Katze die ihn fieng diesen

110 pešk e det mhýrin mrènn ne pešk, e mūr, e škoj,
Fisch und fand Siegel das drinnen in Fisch es nahm und gieng

e j a dha zotnīs vet. e mūr aj djáli mhýrin
und ihr es gab Herrschaft der ihr es nahm jener Knabe der Siegel das

e i thot: „mhyr, m a bjer sarájn t em me dith
und ihm sagt Siegel mir ihn bringe Palast den mein mit sammt

takám e grúen m a len m at ān dētit.
Möbel und Frau die mir sie lasse an jene Seite Meer des.

Prālla ne leš
Märchen das in Wolle

115 šnnedja prej neš.
Gesundheit die für unser. (abl.)

d

1. mâ mir kuć ňihér, se zī dithhér.
mehr gut roth einmal als schwarz jedesmal

2. zâni i gamárit n veš Tynzót nuk škōn.
Stimme die die Esel des in Ohren Gottes (die unser Herrn) nicht geht

3. ku t bāš búken, mos permýs kúpen.
wo dass essest Brot das nicht stürze um Becher den

4. ku s kē vû, mos prek.
wo nicht hast gelegt nicht berühre

5. mos pač bordže, hîn ćefíl.
wenn nicht hättest Schulden trittst ein Bürge

6. aj ći dāu, rri i čām.
jener welcher theilt bleibt zerbrochen

7. durúsi, šelbúsi.
Geduldig der Befreit der

8. kāli, ći nnjérset, e grúja, ći kjān, mos i dzen bēs.
Pferd das welches schwitzt und Frau die welche weint nicht ihnen miss bei Glauben.

9. i būti then t fōrtin.
Schwach der zerbricht Stark den.

— 19 —

10. lísi me ňi t ráme s kpútet.
    Elche die mit einen Schlag nicht wird gespalten
11. kālit mir što i tadžın.
    Pferd dem gut vermehre ihm Futter das
12. mos šikjó mī védi, por šikjó nnen védi.
    nicht schau über (dich) selbst sondern schau unter (dich) selbst
13. ňi nīri, ći s kā dā̃, s kā as menn.
    ein Mensch der nicht hat etwas nicht hat auch nicht Geist
14. mâ mir ňi kojšı, se ňi vllaznı.
    mehr gut eine Nachbarschaft als eine Bruderschaft
15. gūr gūr godítet kalája,
    Stein Stein wird gemacht Festung die
    fjɑl fjɑl dzèhet sefɑ́lája.
    Wort Wort wird gefasst Liebe die
16. ććni, ći leh, nuk hâ.
    Hund der welcher bellt nicht beißt
17. mâ mir ňi voe sot, se i pul nesr.
    mehr gut ein El heute als ein Huhn morgen
18. bordžlı̃s keć merr i dbın pā edh.
    Schuldner dem schlecht nimm ihm Ziege die ohne Zicklein
19. fjála t móćmit dŏ majt menn.
    Worte Alt des soll halten Sinn
20. s u pennóva, se s fóla, por se fóla.
    nicht bereute (ich) dass nicht sprach (ich) sondern dass sprach (ich)
21. ňi insān, ći dŏ me fol nnoj fjal, vîn me perdî
    ein Mensch welcher will sprechen irgend ein Wort ist gut sa schlucken
    fjálen trihér, mosnnéj me e ćit prej gōjet.
    Wort das dreimal dann zu es loslassen aus Mund (ahl.)
22. edhé pȳlla j a dha bı̃štin spats, por u sùll spáta
    auch Wald der ihr ihn gab Schaft den Axt der aber sich wandte Axt die
    e préu t tān pȳllen mār.
    und schnitt ganz Wald den vollständig
23. gjûha pā aět then krýet me rrašt.
    Zunge die ohne Knochen zerbricht Kopf den mit Schädel
24. ňi gūr s bǎn mūr.
    ein Stein nicht macht Mauer
25. ňěna dór lān tjétren, t dýja lajn fáćet.
    eine die Hand wäscht andere die beide die waschen Wangen die
26. pêms mir rri i nnen te, mos i marrš kókrat,
    Baum dem gut bleibe ihm unter ihm wenn nicht ihm nähmest Früchte die
    híjen j a merr, se j a merr.
    Schatten den ihm ihn nimm dass ihm ihn nimm
27. mos šikjó ćȳmen e hállkut, por šikjó trān t ann.
    nicht schau an Haar das dás Volk des sondern schau an Balken den deinen
28. nep me ňŏn e merr me t dýja.
    gib mit ein und nimm mit zwei die

2*

29. bån e n dŏt, se e den n kryp.
mach es in Meer denn es findest in Salz

30. ška nĭll zógla, e ćet věra.
was raft Jung das es bringt hervor Sommer der

31. si t bĭn lódra, dúhet me kcẏe.
wie dass schlage Trommel die ist nothwendig zu tanzen

32. e nep ňi páre, me hî n válle,
sie gibst eine Paŕá zu gelangen in Tanz

por nep ňi ćinn e s munn dalš.
aber gibst ein hundert und nicht kann (dass) herausgehest

33. masí s kē púla, „iš" mos bån.
nachdem nicht hast Hühner „loch" nicht mache

34. si t kěš hápin, lšo vrápin.
wie dass habest Schritt den lass Lauf den

35. mĭku i mir dēra džehnétit.
Freund der gut Thür die Paradies des

36. si t kěš hállin, ćit fállin.
wie dass habest Kraft die gib heraus Weissagung die

37. fukarās i škön dēvja per ňi páre.
Arm dem ihm geht Kameel das für ein Paŕá

38. katúnni, ći dúket, kolláuz nuk dŏ.
Dorf das welches sich zeigt Wegführer nicht brancht

39. újku ne nnroft ćȳmen, se vésin nuk e nnrŏn.
Wolf der wenn verkänderte Haar das denn Gewohnheit die nicht sie ändert

40. čūne újkun me bâ bě
schickten Wolf den zu machen Schwur

per mos me hangr kĭja mâ;
um nicht zu fressen Lämmer mehr

tuj bâ bě i škoj gōja : „kĭňúz, kĭňúz."
machend Schwur ihm gieng Mund der Lämmlein Lämmlein

41. fol i šum e jep i påk,
versprich ihm viel und gib ihm wenig

i ep tedźéren pā kapák,
ihm gib Kasserole die ohne Deckel

ep kusîn pā sadžák.
gib Hängkessel den ohne Dreifuss.

42. s bån dobı me nnez ćĭrin mrāpa, por dŏ nnez
nicht macht Nutzen zu zünden Kerze die rückwärts sondern soll zünden

perpāra, ne dŏ me pâ drĭt.
vorne wenn willst sehen klar

43. ška i bån nĭri védit, dyrňája m u čúe, s
was ihm thut Mensch der selbst (dat.) Welt die wenn sich erhöbe nicht

múnnet me j a bâ.
kann ihm es than

44. dy šerćî me ňi dŏr s máhen.
zwei Wassermelonen mit einer Hand nicht sich halten

45. kašáta mádhe t dzen fýtin.
    Blasen der groß dir einnimmt Kehle die
46. bórdži vōn gazmón t zōn.
    Schuld die spät erfreut Herrn den
47. nīri péktaš e špírti vépraš.
    Mann der Kleider *(gen.)* und Geist der Werke *(gen.)*
48. mos t punóſt vrápi, por báfti.
    nicht dich möge bearbeiten Schnelle die sondern Glück das
49. grúja fīsit e drúja lísit s kā t pagūm.
    Frau die vornehmer Geburt und Holz das Eiche *(gen. unb.)* nicht hat Zahlung
50. insāni âšt mâ i fōrt se gūri.
    Mensch der ist mehr stark als Fels der
51. rrèna âšt bylméti fukarās.
    Lüge die ist Milchspeise die Arm des
52. còpa n nōr šóćit dúket e mádhe.
    Stück das in Hand Gefährte des scheint gross. —
53. masí s kē plš n špḷ,
    nachdem nicht hast Kienholz in Hans
    mos čo ćíri n džamī
    nicht schicke Kerze in Moschee.

II. Grammatisches.

Transscription.

Der Zweck dieser Abhandlung ist ein eminent praktischer in dem Sinne, dass auch diejenigen, die sich mit dem Albanischen nicht eingehend zu beschäftigen gedenken, sich mit Hilfe derselben doch eine einigermaßen klare Idee von dieser Sprache oder vielmehr von einem Dialecte derselben machen können. Andererseits musste ich auch alles nicht absolut Notwendige unterlassen, wodurch der ohnehin schwierige Satz noch mehr erschwert würde. Um diesen beiden Forderungen Rechnung zu tragen, trachtete ich die Transscription so einfach als möglich zu gestalten. Deshalb wich ich jeder Mischung mit fremden Alphabeten aus und beschränkte mich auf das lateinische, wobei ich allerdings nicht umhin konnte, durch diakritische Zeichen den mannigfaltigen Lauten des Albanischen gerecht zu werden. Aber auch hier hütete ich mich, etwa eigene Zeichen zu erfinden, sondern entnahm dieselben andern Sprachen, wobei die Geltung dieselbe blieb und nur hie und da die durch gleiche Zeichen ausgedrückten Laute der beiden Sprachen sich nicht vollständig decken.

Vocale. Eigene Zeichen gibt es nur für den Laut ü und ö, und zwar y für den ersten, oe für den andern. In der Bezeichnung der Quantität gieng ich mit großer Vorsicht vor, da ich nur auf einen einzigen Gewährsmann angewiesen war. Ich bezeichnete, und zwar in der gewöhnlichen Weise mittels — und ⌣, die Länge und Kürze bloß dann, wenn sie mir über alle Zweifel erhaben schienen, die letztere besonders dann, wenn damit ein formaler Unterschied verbunden war. Die nasalen Vocale erhielten das Zeichen ʌ, ein unzweifelhaft offenes e bezeichnet ein ⌄. Was nun die Betonung betrifft, so erhielten die betonten Vocale zwei- oder mehrsilbiger Wörter den ╱, jene Wörter ausgenommen, die einen langen Vocal besitzen. In denselben konnte die typographisch schwierige Verbindung beider Zeichen um so leichter wegfallen, als in der Regel der lange Vocal eines mehrsilbigen Wortes zugleich auch der betonte ist. Derselben Verbindung zweier Zeichen bin ich auch bei den Zeichen der Kürze und der Nasalität aus dem Weg gegangen, und diese Zeichen gelten daher zugleich als Tonzeichen. Wo eine Ausnahme von diesen Regeln vorkommt, ist dies mittels eines über den betonten Vocal gesetzten Acuts ersichtlich gemacht worden.

Consonanten. Zunächst ist zu merken, dass *g* und *k* immer den harten, gutturalen Laut haben; č ist das böhmische Zeichen für tsch, ć = ein dünneres č, wie das poln. ć, ž das böhmische Zeichen für franz. j, desgleichen š für den Laut sch, dž = ital. gi in giorno, ň das böhmische Zeichen für span. ñ, franz. gn, d' das böhmische Zeichen für ung. gy. Hier decken sich jedoch die Laute nicht vollständig, der alb. Laut ist eher das poln. dź, wie ich anfangs den Laut transscribiert habe und der in den südslavischen Sprachen vorkommende Laut. Es sind in diesem Laute zwei Elemente vorhanden, von denen, sogar in einem und demselben Worte, bald das eine, bald das andere mehr hervortritt. *dh* bezeichnet den Laut des gr. δ, *th* den des gr. ϑ; *ll* ein hartes, dem poln. ł entsprechendes, ebenso *rr* ein hartes, stark rasselndes *r*.

Die anderen Verdoppelungen von Consonanten, so: *nn, mm,* auch im Anlaute, bezeichnen ein längeres Verweilen auf diesen Consonanten, welches auch etymologisch dadurch begründet ist, dass im Süden an deren Stelle zwei verschiedene Consonanten vorkommen, die in Folge einer nach vorwärts wirkenden Assimilation zu *nn, mm* geworden sind, so entsteht *nn* aus nt, nd, *mm* aus mb. Uebrigens will es mir scheinen, als ob die jetzige Sprache die Neigung hätte, die Aussprache dieser Doppelconsonanten zu erleichtern und sie zu vereinfachen.

Formenlehre.

Ich bemerke, dass das Folgende eine Zusammenstellung jener grammatischen Thatsachen ist, welche aus unsern Texten belegt werden können; eine vollständige Grammatik des Albanischen, oder auch nur die des gegischen Dialectes zu liefern, war mir schon des beschränkten Raumes wegen unmöglich, abgesehen davon, dass ich eine solche Arbeit nie und nimmer unternehmen könnte, bevor ich mich nicht längere Zeit inmitten des albanischen Volkes aufgehalten habe. Die Unmöglichkeit, etwas Vollständiges zu liefern, bringt es auch mit sich, dass ich etwaige Bemerkungen über die Syntax einzelner Redetheile nicht für sich behandelte, sondern immer den diesbezüglichen Capiteln der Formenlehre hinzufügte.

Artikel. Substantiv.

1. Im Albanischen unterscheidet man einen doppelten Artikel, je nachdem derselbe dem von ihm bestimmten Worte vorangeht oder nachfolgt. Die Declination derselben ist folgende:

		I. Postposit.			II. Praeposit.	
		Fem.	Masc.		Masc.	Fem.
Sg. N.		—a	—i	—u	i	e
	G. D. Abl.	—s, —es	—it	—ut	t (s Fem.)	
	Ac.	—n, —en	—in	—un	e	
Pl. N. Ac.			—t		e	
	G. Abl.		—vet, (auch —ve)		t	
	D.		—ve		t	

2. Diejenigen Substantive, an welche die Endungen des postposit. Artikels gefügt werden, kann man als bestimmte bezeichnen. Das Gegentheil davon ist das unbestimmte Subst., welches im N. Ac. Sg. den reinen Stamm aufweist, im G. Abl. der Fem. ein —et annimmt, während die Masc. dieselbe Gestalt haben, wie in der bestimmten Form, also —it, —ut. Der Plural N. Ac. ist der bestimmten Form gleich, von welcher jedoch das —t wegfällt, G. Abl. hat ein š, Dat. Sg. und Pl. scheint nicht vorzukommen.

Declination der Substantive.

1. Wir unterscheiden drei Declinationen und zwar nach der Form des bestimmten Artikels, eine feminine (darnach auch einige Masc.) und zwei masculine.

2. Bevor wir uns auf eine Aufzählung der in unsern Texten belegten Formen einlassen, wollen wir diejenigen Lautregeln anführen, welche sich besonders bei der I. Declination der Subst. geltend machen:

a) Auslautendes unbetontes e wird vor dem a des Artikels zu j: ćóse — ćósja b 15·17·19 etc., děve—děvja d 37, grúe — grúja d 8·49, núse — núsja b 140, c 81·94.

b) Die auf a auslautenden schieben ein j ein: kalā — kalája d 15ᵃ, sefdā — sefdája d 15ᵇ, dyrňā — dyrňája d 43.

c) Ebenso schieben Oxytona auf e und i ein j ein: fe —féja a 66, džami — džamíja a 65, Šćypni — Šćypníja a 44·61, Šćyptari — Šćyptaríja a 66, špi — špíja b 130, trimni — trimníja a 62.

d) Ein solches j kommt mitunter auch bei consonantischem Auslaut vor: šnnédja c 115 von šnnet (wobei sich t zu d erweicht).

3. Im Pl. kommt es besonders auf den Vocal an, der zwischen den Stamm und die eigentlichen Endungen eingeschoben wird, in der I. Decl. ist dies ein a, in der II. am häufigsten ein e, mitunter auch ein a, daher hier zwei Paradigmen nothwendig sind, in der III. endlich entweder gar keiner oder ein e.

4. Die Unregelmäßigkeiten in der Bildung des Pl. und in der Declin. überhaupt werden weiter unten, soweit sie auf unsere Texte Bezug haben, angeführt werden, jetzt vor allem werden sämmtliche

— 25 —

Casus, der bestimmten sowol als auch der unbestimmten Form, aus unsern Texten belegt:
I. Declin. a) Unbest. Form. Sg. Nom. *báhče* c 32 *bēs* a 25, *buk* a 45, *čérdhe* b 61, *darsm* c 93, *dór* d 25, *drit* a 46 *et* b 20, *fjal* d 15ᵇ, *fukarā* c 2, *fūš* a 23, *grúe* a 53, b 1, c 1, *hodž* a 33, *kojši* d 14, *kulšédr* b 36, *menn* d 19, *nān* a 54, *nnēr* a 47, *piš* a 46, *plāk* c 1, *pul* d 17, *pun* b 145, *tok* a 69, *vllaznī* d 14, *voe* d 17, *zoj* a 3 — G. Abl.: *ānet* b 74·76, *grímet* b 64, *pérdjet* c 92, *sófret* c 55, *štāset* b 33, *trimnéšet* a 56 — *gōjet* d 21, *hûnnet* c 103, *mjesnátet* c 91 — Ac. a) allein: *bē* d 40ᵃ·ᶜ, *begati* a 5, *bēs* b 10, c 36, d 8, *buk* b 137; c 6·7·52·57, *din* a 29, *dit* c 4, *dobi* d 42, *d'ä* a 7 etc., *fáće* a 60, *fār* a 56, *fjal* a 22, b 81·111·144, c 78, d 21, *frig* b 44, *furr* b 161, *idizā* b 70·78·93, *kašt* c 26, *kov* b 21, *máje* c 27·33—34, *mārre* a 59, *menn* d 13, *mic* c 18·20, *muškni* c 13, *myhlét* b 101, *nān* a 4·57, *nat* b 136, *páre* d 32, *paš* b 2·3·16, *piš* d 53, *pun* b 53·58, *púpul* b 69·71, *rrug* b 12·14·19, *sofr* c 56, *šamát* c 107, *šiše* b 115·120, *vap* a 68. b) nach Praeposit. *me: ān* c 84·89·113, *bēs* a 64, *bōr* a 23, *crúe* a 24, *ćóse* b 10, *dōr* d 44, *mōtr* a 36, *fáće* a 18·44, b 132—133, *grúe* b 136, a 36, *lūle* a 23, *špi* c 90; n, ne : *báhče* c 38, *bir* c 100, *ćóse* b 12·14, n *nōr* d 52, neben *ne dōr* a 62, *džamī* d 53, *n nryk* b 160 (statt *n gryk*), *džep* b 72, *fáće* a 47, *furr* b 162, *hûnn* c 102, *kryp* d 29, *ksoll* c 83·85, *lūft* a 13, *od* c 94, *rrug* b 10, c 90, *špi* b 11, *válle* d 32, *vōtr* a 35·46; nnen: *gjûh* c 43·49; *per : fáće* a 26, *grúe* c 62, *lūft* a 13, *nnēr* b 77, *páre* d 37, *púpul* b 118; *pā : nnēr* a 52, *rrug* b 19; *nner : menn* b 103·118; Voc. *nān* b 6 etc. — Pl. Ac. *dra* a 7, *baština* a 7, *púla* d 33, *sahána* b 83·86 — *čéta* a 28, *lūfta* a 17, *rrása* c 70·73·75 — *páre* c 26, a 37, *rréze* a 68; Gen. *vépraš* d 47, *dellš* c 57. Voc. *špāta* a 41. b) Bestimmte Form. Sg. Nom. *áma* b 7, c 27 etc., *bësa* b 154, *bóta* a 21, *búka* c 27, *cōpa* d 52, *ćósja* b 15·17·20 etc. (s. auch *ky*), *dëra* d 35, *fríga* b 88·97, *gjûha* d 23, *gōja* d 40ᵉ, *kašáta* d 45, *kulšédra* b 39, *lódra* d 31, *mica* c 20·86 etc., *náta* c 90, *páša* b 30·36 etc., *pika* c 15, *plāka* c 76, *prálla* c 114, *pūška* a 11, *pÿlla* d 22ᵃ, *rréna* d 51, *rrúga* c 75, *sófra* c 53, *spáta* d 22, *šćypija* b 64·67 etc., *špélla* c 40·43, *vájza* b 123, *vēra* d 30, *zémra* a 55, *zógla* d 30; Gen.: *fukarās* d 51, *hûnns* c 100, *pašs* b 27·157 etc., *rrugs* b 19·159, c 41, *šćypes* b 62·118, *Šćypnis* a 15, *špis* c 77; D.: *ams* b 8 etc., *bordžlis* d 18, *fukarās* d 37, *mics* c 19·22·104, *nāns* c 42, *pašs* b 31·35 etc., *pêns* d 26, *Rumelis* a 16, *spats* d 22, *zotnis* c 111; Ac.: *ámen* b 6 etc., *bësen* b 28·151·158, a 15·38, *bin* b 46, c 58·99, *búken* d 3, *ćósen* b 32·138·162, *ćymen* d 27·39, *dridhen* a 16, *dhin* d 18, *fēn* a 29, *fjálen* d 21ᵇ, *fúrken* c 16, *gjûhen* a 40, *grúen* c 113, *híjen* d 26ᵇ, *hûnnen* c 102, *kulšédren* b 42, *kúpen* d 3, *kusîn* d 41ᶜ, *nánen* c 40, *núsen* b 82·84·90·125, c 98, *pášen* b 146, *pÿllen* d 22ᵇ, *rrúgen* c 70·73·74, *Šćypnīn* a 51, *tadžīn* d 11, *tedžéren* d 41ᵇ, *vájzen* b 98·102 etc., *vakijāden* b 159, *zotnin* b 149; —

Pl. G. *thnéglave* b 73 etc.; Ac.: *kókrat* d 26ª, *sahánat* b 87, *thnéglat* b 110 — *fáćet* d 25ᵇ, *fmit* b 68.

II. Declin. *a)* Unbest. Form. Sg. Nom.: *ćefíl* d 5, *djal* b 148, *dhūn* a 14, *d'árpen* b 62, c 33·36, *d'ynáh* c 9, *èmen* a 25, *gūr* d 15·24, *insán* d 21, *mal* a 23, *mi* c 101, *miš* a 45, *niri* b 151, d 13, *prift* a 33, *pus* b 20·21, *sarái* c 71, *Latín* a 30, *ūj* b 116, 118, *zjerm* a 46; G. Abl. *fisit* d 49, *kacíllit* c 13, *linit* c 3, *lísit* d 49, *mótit* a 71, *sérmit* c 71·73·75, *ūjt* b 50·124·141, — *idhnímit* b 132·135·137, *zjérmit* c 35·37·46·47; Dat.: *mhyr* c 50 (nach *kti*); Ac. *a)* allein: *dsćer* b 47, *ćēf* b 130, *ćen* c 8·14, *ćíri* d 53, *dermán* c 86, *djal* b 50·56, c 1, a 54, *dževáp* c 62·73, *èmer* b 149, *gamár* c 23·25·29, *hajr* b 7, *hamár* b 99·107, *kolláuz* d 38, *konóp* b 21, *krah* b 105, *lij* c 30, *mhyr* c 49·82·97, *mūr* d 24, *nišán* b 43, *sarái* c 67, *senn* c 47, *topúz* b 41, *trím* b 32, *ūj* b 22·24 etc., *venn* b 36, *vrep* b 57·94·95, *zjafét* b 161, *zjerm* b 38; *b)* nach Praepos. *me:* *dsćer* b 52·80·105, *brez* b 22·23, *ćēf* b 30, *elb* b 99·108. *gamár* c 31, *grun* b 99·108, *lis* b 62, *mel* b 99·108, *mhyr* c 84, *rrašt* d 23, *takám* c 113, *ūj* b 25; *n, ne:* *Bagdád* b 2·16, *ćēf* b 160, *dēt* c 108, d 29, *funn* b 121, *gamár* c 28, *hî* a 2, *leš* c 114, *mejdán* b 91, *mjedís* c 105, *šehr* b 32, *venn* b 125, *zjerm* b 70·79·104·119; *nnen*: *lis* b 61; *pā*: *ašt* d 23, *burr* a 53, *edh* d 18, *èmen* a 52; *per:* *ćen* c 13 *drû* c 31, *krah* b 103, *mjedís* b 73 — 74·75·133; Voc. *mhyr* c 56·74; — Pl. N. *Urúm* a 31; Ac. *a)* auf *e*: *bordže* d 5, *takamíle* c 80, *ćújre* b 28, *šárte* b 26; β) auf *a*: *kacílla* c 7·12, *kîja* d 40ᵇ, *topúza* b 38 — *búrra* a 9, *lépra* b 56·59, *tríma* a 9, γ) ohne Voc. *džagajdūr* c 7, *pêj* c 3, *venn* a 7; — *sahát* b 110·113, *sŷ* a 50, b 139. Voc. *Šćyptār* a 27·63, *tríma* a 43. Gen. *miš* c 92·93. *b)* Bestimmte Form. Sg. Nom.: *dsćeri* b 86, *báfti* d 48, *biri* c 4, *bórdži* d 46, *búrri* a 15, *bylméti* d 51, *ćéni* c 15·86 etc., *djáli* b 2·147 etc. (s. auch *ky*), *dilli* a 68, *durúsi* d 7, *dárpni* c 34·36 etc., *gūri* d 50, *habéri* b 42, *insáni* d 50, *kāli* d 8, *katúnni* d 38, *lísi* a 20, d 10, *mećlízi* b 145·152, *mhýri* c 103·108, *móti* a 11, *mréti* c 59·61·62·64·80, *niri* d 43·47, a 35, *šáhi* b 82 etc. *Šćyptāri* a 42, *šelbúsi* d 7, *špírti* d 47, *vrápi* d 48; Gen. *Adžèmit* b 47·81, *dětit* c 105·109·113, *džehnétit* d 35, *dárpnit* c 43, *gamárit* c 27, d 2, *kráhit* b 69, *mrétit* c 58·67 etc., *nirit* a 39, c 35, *šáhit* b 47, *Šćyptārit* a 12·66, *šóćit* d 52, *Zótit* a 72. Dat.: *birit* c 64·72. *ćénit* c 89·105, *djálit* b 20·67 etc., *kālit* d 11, *mhýrit* c 56·66·74, *mrétit* c 78, *šáhit* b 88·97·111·123, *šóćit* d 52; Ac.: *berećétin* b 111, *bištin* c 102, d 22, *ćénin* c 18, *ćirin* d 42, *dětin* c 83 etc., *djálin* b 2·34 etc., *dárpnin* c 39, b 64, *élbin* b 100·109, *fállin* d 36, *fŷtin* d 45, *gamárin* c 32, *grúnin* b 100·108, *hállin* d 36, *hápin* d 34, *javérin* b 147, *kllyćin* b 133, *kráhin* b 78, *kusúrin* b 87, *mélin* b 101·109, *mhýrin* c 42·81 etc., *sarájn* c 62·65 etc., *takámin* c 77·78, *ūjn* b 84, *vrápin* d 34, *vésin* d 39; Abl.: *dárpnit* b 66, *dúmit* a 63, *púsit* b 24·29, *Tivárit* a 67, *únit* c 29 (ohne die Praepos. *prej*). — Pl. (auch mit Vernachläßigung der Vocale *e* oder *a* vor den Endungen). Nom.: *atlit* b 91, *džagajdürt* c 9, *hysmećárt* b 145, *mit* c 95·98·103, *robt* a 39, aber *búrrat* a 4·71; Gen. *atlive* b 89, *mive* c 94, *párve* a 38, aber *máleve* b 115·121; Ac. *pêjt* c 5·6·17, *sŷt* b 65·66, *vešt* c 20 aber *šóćet* a 10 und *léprat* b 56·90·94·95.

III. Declin. *a)* Unbest. Form. Sg. Nom. *dak* a 47, *pešk* c 109, *Turk* a 30; Gen. *fíkut* c 34; Ac. *čirák* c 38, *pešk* c 19·110, *vlla* b 3·6 etc., — *n breg* b 50, c 108, *ne pešk* c 110, *per dhē* a 20·44, *pā knpák* d 41ᵇ, *pā sadžák* d 41º, Pl. N. *šok* b 18 aber *tyféće* a 41; Ac. *nner šok* a 47; — *b)* Bestimmte Form. Sg. Nom.: *hállku* b 3, *miku* d 35, *újku* d 39, *zógu* a 12·42; Gen. *hállkut* d 27; Ac. *bajrákun* b 89·91·97, *dákun* a 40, *újkun* d 40.

5. Besondere Schwierigkeiten verursacht die Bildung des Pl., und es ist zu bedauern, dass die meisten Wörterbücher nicht, wie Hahn dies thut, bei jedem Subst. zugleich auch den Pl. desselben angeben. Soweit unsere Texte Belege liefern, bietet der Pl. zu folgenden Bemerkungen Anlass:

a) Der Pl. in seiner unbestimmten Form Nom. Ac. hat gar keine Endung, sondern ist dem Sg. gleich in: I. Decl. *arm* a 8, *dit* b 12·14·101, *ditš* Pl. Gen. b 13, c 81, *kām* b 63, a 21·58, *kiš* a 65, *pušk* a 8·62. II. Decl. *veš* d 2.

b) Einige Subst. haben gar keinen Pl. so: *hallk*, — *u* b 3 (verbunden mit dem Verb. im Pl.: *i thon hállku*), dann auch andere Collectiva: *trimnija* a 62.

c) Treten andere als die gewöhnlichen Endungen ein, so *péktaš* d 47, Gen. Pl. unbest. von *pekt* oder *petk* nach der III.

d) Einige bilden den Pl. durch den Ablaut des Wurzelvocals: *grúe* a 36 — *grā* a 9·49, *Škjā*—*Škjē* a 31.

e) Andere durch Consonantenwechsel: *zog*—*zoć* b 62, *zoćt* b 63·65.

f) Andere endlich durch Ablaut, Consonantenwechsel und Endung zugleich: *lak*—*lēće* a 42.

g) Ganz unregelmäßig und nicht in bestimmte Kategorien zu bringen:
α) *kīl, i*—*kval* b 93·96, *kvalt* b 94, *kválve* b 92.
β) *vllā*—*vllázen*, a 27·32·64, —*nit* c 41.
γ) *djal*—*djelm* b 1, a 6, *djelmt* a 4.
δ) *menn*—*mêt*, Gen. *mêč* b 135.
ε) *vajz*—*várza* a 6·49.

6. Es bleiben uns noch einzelne Bemerkungen über die Declin. einzelner Subst. übrig:

a) Mitunter wird ein Subst. nach mehreren Decl. zugleich flectiert, so: *drû* nach II. aber auch nach I. *drúja* d 49.

b) Zwischen den Stamm und die Endung wird ein *n* eingeschoben: *zâni* d 2 von *zâ*.

c) Ganz unregelmäßig ist *krýe* b 83·86, a 2, mit dem Artikel *krýet* d 23 Ac. Sg. (dieses *t* von einigen als ein Artikel des Neutr. aufgefasst), G. D. *krës* b 41, Pl. *kréna* (gewöhnliche Bedeutung), *kren* (figürliche Bedeutung).

d) Einen Uebergang vom Subst. zum Adj. bildet das Wort *i zóti*, welches ursprünglich Adj. war und daher noch immer mit dem praeposit. Artikel flectiert wird, und zwar im Sg. in folgender Weise: N. *i zóti* a 12, G. D. Abl. *t zot* (vgl. *Tynzót* d 2), Ac. *t zön* d 46, in der Bedeutung „Gott" folgt es der II. Decl. *Zótit* a 72.

7. Der praepositive Artikel wird vor den bestimmten Gen. Sg. oder Pl. eines Subst. oder Pronom. zu dem Zwecke gesetzt, damit durch denselben das regierende Wort wiederholt werde, woraus hervorgeht, dass er in Genus und Numerus mit dem regierenden, nicht etwa mit dem regierten Nomen übereinstimmen muss. Ich habe in der Uebersetzung die Pron. demonstr. der, die, das verwendet und dieselben mittels eines Acuts als solche gekennzeichnet.

Belege, wobei ich die Gruppen von Beispielen blos durch — von einander trenne, da sich ja der jeweilige Casus immer leicht herausfinden lassen dürfte: *úne ..... i vllaj i pałs* b 27·157, *i biri i nirit* c 35, *zäni i gamárit* d 2, *zógu i Šćyptärit* a 12, *búrri i Šćypnis* a 15 — *javérin e ti* b 147, *takámin e łpis* c 77 — *robt e nirit* a 39 — *féja e Šćyptärit* a 66, *núsen e pałs* b 82, *per t bln e łähit* b 47, *bln e mrétit* c 58·99, *ëÿmen e hállkut* d 27 *n łpi t pałs* b 30·142, *n breg t ñi üjt* b 50, *n breg t dëtit* c 108, *ñi púpul t kráhit vet* b 69, *ñi karván t thnéglave* b 73, *ne bir t hünns* c 100, *púpul t šćÿpes* b 118, *n funn t ñatıjne dy máleve* b 121 — *fjála t móčmit* d 19, *zoé t šćÿpes* b 62 (vgl. *veł Tynzót* d 2).

Anmerkungen:

1. In dieser Weise kann auch ein früher genanntes Subst. vor einem Gen. wiederholt werden, so: *i mrétit* c 68, *se t mrétit* c 67·77.

2. Der Gebrauch dieses Artikels ist auch unter den oben bezeichneten Umständen nicht überall absolut nothwendig, derselbe wird daher mitunter vernachlässigt: *dëra džehnëtit* d 35, *e dma dárpnit* c 43, *bësen t pärve* a 38, *e pära thnéglave* b 75 etc. Besonders entfällt er auch hier wie beim Adj. und Pron. poss. nach einem Gen.

3. Vor. einem nicht bestimmten Gen. wird der praepositive Artikel nicht gebraucht: *rrása sërmit* c 71·75, *grúja fisit* d 49, *drúja lisit* d 49, *pëj linit* c 3, *ifárdo itäset* b 33.

8. Einige Bemerkungen über den syntaktischen Gebrauch der Casus:

1. Genitiv. a) In der nicht bestimmten Form von einem andern Subst. abhängig, bezeichnet er eine mehr oder weniger unbestimmte Menge: *żurm mił* c 92, *darsm mił* c 93, *fär delłš* c 57, *č fär söfret*

c 55, *ket fär trimnéšet* a 56, *čfárdo štåset* b 33, *pêj linit* c 3, *rrása sérmit* c 70—71·73, *drúja lisit* d 49, *grúja fisit* d 49. *b)* In der bestimmten Form bezeichnet der Gen. eine Umstandsergänzung: *tuj škúe rrugs* b 19, (selbständig) b 159, c 41, *mótit* a 71. *c)* Bezeichnet auch den Preis: *d'ys kacíllit* c 13.

2. Ablativ. *a)* Resultat einer Handlung: *marój s tjérrunit* c 16·22. *b)* Ursache: *lšte fik únit* c 29.

3. Dativ. *a)* Bei Verben der Bewegung, um die Richtung zu bezeichnen: *i rā topúz krēs* b 41, *nuk i rê* b 75, daher auch *t rraft pika* c 15, *hýpni kválve* b 92, *hýpi čénit* c 89·104—105, *nuk t dzū bës* c 36, *mos i dzen bës* d 8; *thīr* wird sowol mit dem Dat. als auch mit dem Ac. verbunden: (Dat.) *i thret s ams* c 44, (zweifelhaft ob mit Dat. oder Ac.): *či m thret* c 55, *t thiršin nān* a 4. *b)* Der Dat. kann manchmal in analytischer Weise durch eine Praep. umschrieben werden: *thuj te mréti* c 59.

4. Accusativ. *a)* Ort: *filán venn* b 36, *mäje gamärit* c 27, *mäje ñi fikut* c 33—34. *b)* Zeit: *ñi dit* c 4, *ñihér* d 1. *c)* Preis: *pêsdhét päre* c 26, *dhet päre* c 26, *tre kacílla* c 6--7, aber auch mit *per: per ñi päre* d 37. *d)* Bei dem Vb. *ñof* aus dem Nebensatze in den Hauptsatz proleptisch hinübergenommen: *nuk e ñófin, se kuš åšt* b 143. *e)* Doppelter Accus., (b 137—8), wovon der zweite praedic.: *porositi ñi furr t nnézun* b 162.

5. Vocativ. *a)* Beispiele desselben in der bestimmten Form: *i lúmi ti* b 3, *i bīri i nīrit* c 35. *b)* Ein *ō* demselben angehängt: *bīrō* b 7·9, c 5·21·52 neben *bīr* c 12·15.

Adjectiv.

1. Das Adjectiv wird verschieden flectiert, je nachdem es dem Subst. vorangeht oder nachfolgt. Hier ist als allgemeine Regel festzuhalten, dass dasjenige Wort, welches dem andern vorangeht, flectiert wird, während das nachfolgende unverändert bleibt bis auf den G. D. Abl. Pl., wo auch das zweite Wort eine Endung erhalten kann.*)

2. Hier wird aber die Sache dadurch complicierter, dass das Adject., mag es den postpositiven Artikel erhalten oder nicht, in der Regel noch den praepositiven Artikel besitzt, dessen Gestalt auch von verschiedenen Umständen abhängt. Da nun gerade dieser Gebrauch größere Schwierigkeiten aufweist, so werden wir unsere Aufmerksamkeit besonders ihm zuwenden.

3. Da sind zunächst jene Adj., welche dem Nomen vorangehen oder allein stehen, zu scheiden von denjenigen, welche dem Nomen

---

*) Unter den belegbaren Formen können wir als unregelmäßig in der Declin. herausheben: *zi* c 83·88, d 1 für das Masc. und *zes* a 26·60 für das Fem., ebenso ist zu merken, dass *madh* b 2·38 im Fem. *e madhe* heißt d 45·52.

nachfolgen. Im erstern Falle hat der praepos. Artikel im Num. Sg.· Masc. die Form. *i*, Fem. *e*, sonst überall *t*, im zweiten richtet sich die Form des praepos. Artikels nach der Form des vorhergehenden Nomens, ob dasselbe nämlich die bestimmte oder die unbestimmte Form hat, und zwar lauten die Regeln wie folgt: nach einem Nom. Sg. Masc. erhält das Adj. ein *i*, nach einem Nom. Sg. Fem. ein *e*. Dasselbe *e* erhält das Adj. auch nach einem Ac. Fem. und Masc. der bestimmten Form im Sg. und nach dem Nom. Ac. Masc. und Fem. ebenfalls der bestimmten Form im Pl., sonst überall ein *t*. Belege: *e mjéra Štypnī* a 1, *e škréta áma* c 16 — *moré i mārr* c 9 aber *moré t mjer* a 32, *mā i fōrt* d 50, *mā i mrámi* b 95, *mā i mir* c 68, *rri i čām* d 6 — *dúket e mádhe* d 52, *mā e míra* a 10, *met e škret* a 52, *met e vej* a 54.

Anmerkungen.

1. Das Wort *dīth* bekommt entweder den praeposit. Artikel, oder kann ihn auch entbehren: *t dīth takamīle* c 80, *t dīth šóćet* a 10, so auch allein *t dīth* b 48, c 70, a 32·38·64, sowie auch das synonyme *tān* also *t tān* b 51·85·87, a 70, d 22 aber *me dīth áśer* b 79·105, *me dīth mhyr* c 84 auch a 16. 2. Durch die Vorsetzung eines solchen Artikels kann ein auch zu einem Subst. werden, und entweder eine Sache oder eine Adjectiv Person bezeichnen, so (Person): *i pāri* c 93, *i búti* d 9 — *e pāra* b 75·77·104·105 — *t dékunin* b 117, *t fōrtin* d 9 — *t pārt* a 69 — *t pārve* a 38; (Sachen): *t mir* c 2—3, *t míra* a 5, c 54, *per t dāll* b 151·155· 158, *me t špejt* b 39·40—41 etc.

4. Belege für die Stellung des Adj. nach dem Subst. Sg. Nom. Masc. *djáli i vogl* b 2, *mīku i mir* d 35, *nīri i huj* a 35·58, (aber *bórdži vōn* d 46, falls nicht zu trennen ist *bordž i vōn*) — *ñi pešk i vogl* c 109; — Fem. *e áma e škret* c 29 (aber *kašáta mádhe* d 45), *ñi zoj e dān* a 3, *ñi grüe e vej* b 1; Ac. Masc. (bestimmt): *djálin e madh* b 2; — Fem. (bestimmt): *dětin e zī* c 83·88, *Štypnīn e mjer* a 51. Belege für den Gebrauch des *t* (Ac.): *ñi fjal t ámel* a 22, *me fáće t bardh* b 133, a 18, *ñi zjerm t madh* b 38, *zjafét t madh* b 161, *per fáće t zēz* a 26, *ket fáće t zēz* a 60, *ket nān t dāštun* a 57, — *me arm t bárdha* a 8, *me várza t búkra* a 6, *me grā t dlíra* a 9, *nner lūfta t rrépta* a 17 — *me atá sý t búkur* a 50, *me djelm t rī* a 6.

Anmerkungen.

1. Nach einem Gen. oder Dat. entfällt in der Regel der praepositive Artikel vor dem Adjectiv: *bordžīs keć* d 18, *kālit mir* d 11, *pēms mir* d 26, *nīrit huj* a 39. 2. Es scheint, dass auch nach einem bestimmten Accus. ein *t* und nicht *e* gesetzt wird, wenn der Begriff desselben allgemeiner ist: *sardín mā t mir* c 63, *takámin . . . . mā t mir* c 77.

5. In derselben Weise wie Adjectiva können auch Verwandtschaftsnamen außer dem postposit. auch den praepos. Artikel erhalten,

so: *i bìrí* c 4·31·35, *t bìrit* c 64·72, *t bìn e mrétit* c 58·99, *t bìn e šáhit* b 46, *i vllaj i pašs* b 27·157. So wird auch das häufig belegte Subst. *am* im Sing. folgendermaßen decliniert: Nom. *e áma* b 7, c 2·14·19 etc. G. D. Abl. *s ams* b 8, c 28·44·52·58. Ac. *t ámen* b 6. Die Artikel genügen hier, um den Begriff des Besitzes seitens einer dritten Person auszudrücken.

6. Derselbe Artikel wird auch bei Substant. angewendet, welche von Verben abgeleitet, als Verbalia bezeichnet werden könnten und den Begriff des Verbums enthalten: *t pagüm* d 49, *t ráme* d 10, *s tjérrunit* c 16·22.

7. Der relative Comparativ wird durch die Vorsetzung eines *má* vor den Positiv gebildet, und genau so wird auch der Superl. gebildet, so dass jedesmal aus dem Contexte entnommen werden muss, welche der beiden Stufen eigentlich vorliegt. Belege. Comp: *má t mir* c 63·65·77, *má i mir* c 68, *má i fört* d 50, *má mir* d 1·14·17 (so auch bei Adverb. *má lèrk* b 55, *má 'nnéj* b 60); Superl. *má i mrámi* b 95.

Pronomen.

Pronomen personale.

1. Die Declination desselben für die 1. und 2. Person Sg. und Pl. lautet, wie folgt:

	1. P. S.	2. P. Sg.	1. P. Pl.	2. P. Pl.
N.	*úne*[1] *un*[2]	*ti*[6]	*na*[5]	*ju*[12]
G.	*méjet* (ungebr.)	*téjet* (ungebr.)	*neš*	*júve, juš*
D. Ac.	*múe*,[3] *m*[4]	*ty, t*[7]	*na*,[9] *nš*[10]	*ju*[13]
Abl.	*prej méjet*[5]	*p. téjet*	*p. neš*[11]	*p. juš*[14]

Anmerkungen.

1. Im Dat. Pl. giebt es außer den im Paradigma angeführten Formen noch folgende: für die 1. P. *néve*, für die 2. *júve*. 2. Das Pron. der 3. Person soll erst beim Pron. dem. besprochen werden, und dort werden auch die Regeln über den Gebrauch der Personalpronomina angeführt. Hier beschränken wir uns einstweilen auf die Anführung von Belegen für die 1. und 2. P.:

[1] b 4·6·17·25·27·32·35·45·58·71·79·155·156, c 5·27·07·106; [2] b 9·91; [3] (Dat.) b 163, c 10·15·24; (Ac. nach Praep.) b 54·59.70·78, c 89; [4] (Dat.) b 10·37·47·67·77·100·107·111 163, c 10·15·24·53·56·78·96·97·112·113, a 19; (Ac.) b 24·28, c 35·36·37·45·47·55·81; [5] b 68·106·130, c 48; [6] b 3·5·22·26·07, c 36, a 3·10; [7] (Dat.) b 4·7· 76·78·79·151, c 11 20·36·51·66·87·106, d 45 (*te* a 25); (Ac.) b 21·22·25, c 15·58, d 48, a 2·4; [8] c 21·87; [9] (Ac.) b 66, a 70; (Dat. *n*' a 69); [10] *me nš* a 43; [11] c 115; [12] b 94, a 41·49; [13] (Dat.) b 102, c 97, a 35·36; (Ac.) c 96, a 33·34; [14] b 114.

Pronomen demonstrativum.

1. Die Declination desselben ist folgende:

Masc.

Sg. N.	ky^1 = dieser		aj^9, $ñaj$ = jener
G. Abl.	ksi, kti^2		asi^{10}, ati, $ñati$
D.	kti^3		ati, $ñati$, i^{11}
Ac.	ket^4—kte^5, $kténe$		at, $ñat^{12}$ — $até$, $aténe$, te^{13}, e^{14}, a^{15}
Pl. N. Ac.	kta	N.	$atá^{16}$, $ñatá$
G. Abl.	ksi, $ktijnvet$, — ve, $ktijne$, $ksiš$		$atijnvet$, —ve, $ñatijnvet$, —ve $ñatijne^{17}$, $asiš$
D.	ksi, $ktijnve^6$, $ktijne$		$atijnve$, $atijne$, $ñatijnve$, ju, u^{18}
		Ac.	$atá^{19}$, $ñatá$, at, i^{20}, a ^{21}.

Fem.

Sg. N.	kjo^7		$ajó$
G. Abl.	kso, $ksaj$		$asó$, $asáj$, saj
D.	$ksaj$		$asáj$, saj
Ac.	ket, kte, $kténe$		at^{22}, $até^{23}$, te, e^{24}, a^{25}
Pl. N. Ac.	kto^8	N.	$ató$, $ñató$
G. Abl.	kso, $ktijnvet$, —ve, $ktijne$, $ksoš$		$atijnvet$, —ve, $atijne$, $ñatijnvet$ $asoš$
D.	kso—$ktijnve$, $ktijne$		$atijnve$, $atijne$, $ñatijnve$, $ñatijne$, ju, u
		Ac.	$ató$, $ñató^{26}$, to, i, a.

[1] b 33·54·58·66, c 10·85 etc.; [2] c 35·37; [3] b 103, e 47; [4] b 57, auch hikét b 10·107, c 72·97; [5] c 88; [6] b 98; [7] b 109, c 49·84·100·102; [8] (von Masc.) b 81·92·94, c 10·11·26; [9] d 6; [10] b 124·140; [11] b 84 etc.; [12] c 49; [13] c 11·41, d 26; [14] b 15 etc.; [15] b 100 etc.; [16] b 4·7; [17] b 115·121; [18] (statt des grammatisch vielleicht richtigeren u finden wir in unseren Texten immer nur i); b 73·85·92·93·131, c 8·10·12·24·43·87·95, b 91 (hier mit ktijnve); [19] b 96, a 50; [20] b 47 (bezogen auf áser), 96 etc.; [21] b 66 etc.; [22] b 136, c 84·89·113 [23] c 99; [24] b 5 etc.; [25] b 10 etc.; [26] (hitó auch Masc.) b 26·59.

2. Die soeben citierten Belege berücksichtigen vor allem substantivische Pron. demonstr., nur dort, wo für dieselben kein Beleg vorlag, ist auch eine adjectivische Form citiert worden. Es fragt sich, wie sich das Verhältnis des adject. Pron. dem. zum Artikel gestaltet, mit anderen Worten, ob das einem solchen Pron. folgende Subst. die bestimmte oder die unbestimmte Form erhält. Da gilt nun die Regel, dass bei schon bekannten, besprochenen Personen oder Dingen das Subst. den postposit. Artikel erhält, sonst aber unbestimmt bleibt. Belege: *a)* für die bestimmte Form: *ky djáli* b 8·12·23·27 etc. (noch 28 Beispiele), *ky ćósja* b 19·25· 34·35·43·131·157, *ky dárpni* c 34, *aj djáli* c 2·111, *kti djálit* b 19·119·123, *ket djálin* b 34·40·48·65·134·136·140·160, c 44·45, *ket ćósen* b 138·162, *kjo vájza* b 123, *kjo núsja* b 140, *kjo e áma* c 2, *ñatijne dy máleve* b 115·121, *kto džagajdúrt* c 9. *b)* für die unbestimmte Form; nach *ket: fáće* a 60, *fär* a 56, *marre*

a 59, *mhyr* c 82, *mic* c 18, *nān* a 57, *púpul* b 71, *šehr* b 32, *ūj* b 51·54; nach *ky: pus* b 20; nach *at : ān* c 84·89·113, *gamár* c 25, *krah* b 104, *lis* b 61·62, *nat* b 136, *pešk* c 109, *ūj* b 116·118; nach *atá : sŷ* a 50.

3. Ueber den Gebrauch der Pron. person., als welche auch die soeben behandelten Pron. demonstr. verwendet werden, lässt sich Folgendes bemerken:

a) Die kürzere Form des Dat. und Ac., welche für die einzelnen Personen folgendermaßen lautet: Sg. 1. *m* 2. *t* 3. (ohne Unterschied des Genus) Ac. *e*. Dat. *i*; Pl. 1. *na* 2. *ju*. 3. Dat. *u* (in unsern Texten jedoch immer *i*) Ac. *i*, wird in der Regel dem Verbum vorgesetzt, nur beim bejahenden Impert. folgt sie demselben nach.

Belege zu bringen erscheint überflüssig, da in den nachfolgenden Listen Beispiele in Hülle und Fülle vorkommen, nur für die Stellung beim Impert. einige: *myt e* b 37, *štjer e* b 70, *len e kte* c 82, aber auch vor dem Verbum: *e merr vájzen* c 63·72, *m pšto* c 35, *m dzir* b 24·28, was beim verneinten Impert. die Regel ist, so: *mos e mýtni* c 8·24, *mos e tret* c 51, (beide Stellungen s. d 41).

b) Häufig werden beide Formen zugleich gebraucht, entweder geht die kürzere voran: *m a šitni múe?* c 10·24 *ška m dúhet ćeni múe?* c 15, oder aber, wenn ein besonderer Nachdruck erzielt werden soll, geht die längere Form voran: *múe dā nuk m dhan* b 163.

c) Auch mit Praepositionen wird immer die längere Form gebraucht: *me múe* b 54·59, c 39, *per múe* b 70, *me në* a 43.

d) In Verbindung mit dem Ac. der 3. Person geht der Dat. eines Pron. pers. dem Ac. stets voran, und es ergeben sich dann folgende Verbindungen, welche dadurch charakteristisch sind, dass der Ac. *e* zu *a* wird: *m a, t a, j a* (statt *i a*), *n a, jau* (statt *ju a*, der Ac. also eingeschaltet in den Dat.) *u a* (in unsern Texten aber auch hier *j a*, also dem Sing. gleich). Einige Belege: *m a* b 10·100, c 10·24·97, *t a* c 11· 66·87·106, *j a* b 38—39·105 (wo das *a* bei einem intrans. Verbum steht, also herbeigeführt durch das so häufige Vorkommen dieser Verbindung bei transit. Verben), 110·122, c 12·49—50·101·111, d 43, *n a* a 69. Für die so interessante Verbindung *jau* bieten unsere Texte allerdings kein Beispiel, es könnte aber c 97—98 *ju hā núsen*, wenn auf das nachfolgende Obj., wie dies so oft geschieht, durch das entsprechende Pronomen pers. hingewiesen würde, ganz gut heißen: *úne jau hā núsen*. Uebrigens ist dies nicht der einzige Fall, wo statt des Pron. *e* ein *a* gebraucht wird, dasselbe geschieht auch nach einem *t* des Conjunct. so: c 65, a 57.

e) Oft wird die kürzere Form dazu verwendet, um ein entweder nachfolgendes oder vorangehendes Subst. oder Pron. demonstr. oder interr. zu wiederholen:

Belege: *a)* Das Nomen folgt nach: *m a ma ñikét bës* b 10, *j a dzir sÿt* b 66, *j a nep vájzen* b 98, *m a nep vájzen* b 111, *t a nep bësen* b 151, *m a bjer ñi sofr* c 56, *kūr t a bâjn saráju* c 62, *t a bâjn takámin* c 76, *j a nápim vájzen* c 77, *j a dha vájzen* c 80, *j a vodh* ... *mhýrin* c 81, *m a bjer saráju* c 112, *j a dha bǔtin* d 22, *t a vajtójm Šťypnīn* a 51 — *e pvet t ámen* b 5, *mos e prek ket djal* c 45, *e merr vájzen t éme* c 63, *e merr ket mhyr* c 82, *e kūpi at peǐk* c 109, *e nep ñi páre* d 32, *e mūr* ... *mhýrin* c 111, *me e lan me dek ket fār trimnéǐet* a 55, *e pvet ket* b 57, *len e kte* c 82, *sā e détne até t bīn e mrétit* c 99, und so auch b 42·48·71·84·89·91·104·124·134·137·140·160, c 13 — *i* (Dat. Sg.): *i rā topúz krës* b 41, *i bje nner menn ktı* b 103, *ǐka i băn nīri védit* d 43 und an folgenden Stellen: b 31·35·42·67·88·97·103·110·118·122·148, c 50·56·64·66·72·74·78·88·104·111; Fem. b 8, c 19·21·28·42·44·51·59· 103, a 16, d 22; *i* (Ac. Pl.) in b 56·87·94, c 4·17; *i* (Dat. Pl.) *i thon ktÿnve* b 91. *b)* Das Nomen geht voran: *grúen m a len* c 113, *hijen j a merr* d 26ᵇ, *ñi fjal t ámel askúǐ s j a flet* a 22, *ket nān t dáǐtun ā do t a lūm* a 57 — *ket mīc e bléu* c 18, *djálin e madh e kǔǐte*... *paǐ* b 2, *takámin e bāni* c 78, *vésen nuk e nnrön* d 39, *bësen*... *e harróni* a 38, *ket mārre askúǐ s e dö* a 59, *ket fáće t zēz dīthkúǐ e drö* a 60, andere b 51·87·111·162 — *i* (Dat.) *kūj i băn* a 55, *ktı djálit i erdh et* b 20, *bordžlu keć merr i dhīn* d 18, *kālit mir ǐto i tadžīn* d 11, *pëms mir rri i nnen* te d 26, *fukarās i ǐkon dëvja* d 37.

Pronomen reflexivum.

Dasselbe heißt für alle Personen *vet*, und es braucht das entsprechende Pron. person. nicht immer besonders beigeschlossen zu werden. Belege: *ǐka i băn nīri védit* d 43, *u bá me vrā védin* b 44, *mūr*... *me védi* b 49, *mos ǐikjó mı védi, por ǐikjú nnen védi* d 12, da es außer den regelmäßigen Formen überall also auch im Acc. *védi* heißt.

Die Bedeutung „selbst" hat es in a 26, b 85, c 21·30, es ist aber auch ein Subst. und bedeutet: Individuum, Mann, so b 49.

Pronomen possessivum.

1. Dieses lautet im Nominativ folgendermaßen:

Erste Person Sg. *j em, e éme; t, e mī, t, e mǘja.*
Zweite „ „ *j yt, j óte* od. *j ýte; t ū* oder *t uj, t úa,* od. *t ǘja.*
Erste „ Pl. *j yn* od. *j on, e jon; t óna.*
Zweite „ „ *j uj, e uj; t ū* oder *t uj, t úa* od. *t ǘja.*
Dritte „ Sg. Masc. *i tı, i saj.*
„ „ „ Fem. *e tı, e saj.*

2. Die übrigen Casus werden meist in ganz regelmäßiger Weise bloß durch Veränderung des praeposit. Artikels gebildet, derselbe lautet für die übrigen Casus beider Geschlechter *t*, mit Ausnahme des G. D.

Abl. Sg. Fem., wo an der Stelle des *t* ein *s* erscheint: *s ams* b 8, c 28·44·52·58.

3. In den Formen selbst zeigt die 2. P. Sg. im Sg. einige Unregelmäßigkeiten, dieselbe lautet nämlich für das Masc.: N. *j yt*, G. Abl. *t yt*, D. *t yn*, *t ann*, Ac. *t ann*; Fem. N. *j óte*, *j yts*. G. D. Abl. *s at*, *s úte*. Ac. *t ánne*.

Belege für das Pron. possess.: 1. Pers. Sg. *ćósja j em* b 26, *djáli j em* c 60·61 — *sarájn t em* c 112, *kráhin t em* b 78, *ćósen t em* b 32, *me dǐth áśćer t em* b 80, *per t dǔll t em* b 155 — *vájzen t éme* c 63, *nánen t éme* c 40 — *fmǐt e mǐ* b 68; 2. Sg. *trān t ann* d 27, *vájzen t ánne* c 60·61, *me zotnǐn t ánne* b 149; 3. Sg. *javérin e tǐ* b 147; 1. Pl. *tok e jóna* a 69 (weil hier das Subst. selbst unbestimmt ist, nimmt das Possess. den postpos. Artikel an); 2. Pl. *sarấj j uj* c 71, *dákun t uj* a 40.

4. Statt des Pron. poss. der dritten Person, welches nichts anderes ist als der vom praeposit. Artikel begleitete Gen. des Pron. demonstr., kann mit Ausnahme des Nom. der Besitz durch das refl. Pronomen *vet*, dem der praepos. Artikel vorgesetzt wird, ausgedrückt werden: *me áśćer t vet* b 52·106, *n venn t vet* b 125, *pvet t ámen e vet* b 6.

5. Bei Verwandtschaftsnamen stehen manchmal die Possess. der 1. und 2. Person vor dem Subst. und verlieren dann in der Regel den Artikel: *te em vllä* b 9, *úne jam yt vllä* b 35·45, *jot am* b 4 (nach der Grammatik zwar blos *ot*, *óte*, aber im Volksmunde wohl Angleichung an die 1. Pl., welche *e jon* lautet).

6. Nach einem Gen. oder Dat. wird auch hier, wie vor Adj. und Subst. der praepositive Artikel weggelassen: *púpul t kráhǐt vet* b 69, *zotnǐs vet* c 111, *perpára atlīve mǐ* b 89.

7. Die absoluten Formen des Pron. poss. werden von den entsprechenden conjunctiven in der Weise gebildet, dass den letztern die bekannten Formen des postpos. Artikels angehängt werden. Beleg: *se t émin* c 63·65.

8. Der Besitz wird oft auch durch den Dat. eines Pron. pers. bezeichnet: *me ju turpnúe me grúe* a 36, *úne ju hā núsen* c 97, *t dzen fyjtin* d 45, *t hangrt veśt* c 20, *grúen m a len* c 113 (könnte auch als Dat. ethicus aufgefasst werden), *i śkoj gója* d 40.

9. Dies geschieht mitunter sogar in pleonastischer Weise, d. h. es wird sowohl das Pron. pers. als auch das Pron. poss. selbst gebraucht: *ći m kē pśtúe fmǐt e mǐ* b 67—68.

Pronomen relativum.

Das Wort *ći* dient für beide Genus und Numerus, daher der Dat. und oft auch der Ac. in analytischer Weise so ausgedrückt werden, dass der Casus, in welchem das Rel. stehen soll, durch den Dat. oder Ac. des entsprechenden Pron. person. ausgedrückt wird, wo dann *ći* mehr die Rolle einer Conjunction zu spielen scheint. Belege für diesen Gebrauch bieten unsere Texte nicht, da die meisten Beispiele das Rel. im Nom. oder im Ac. nach einem unbestimmten Nomen aufweisen; ein Beispiel könnte c 42 bieten: *mhÿrin, ći e kū* statt *m. ći kū* und c 49: *ñat mhyr, ći e kē.*

2. Auch mit einer Praeposition kann *ći* nicht gebunden werden, daher es entweder allein steht oder es folgt ihm ein Ausdruck, welcher es näher bestimmt. Beleg für den ersten Gebrauch: *atá sÿ t búkur, ći díni me kjā* a 50. Als in der Mitte zwischen einem solchen *ći* und der gleichlautenden Conjunction kann dasjenige angesehen werden, welches c 94 nach *ñathér* steht.

Belege für den Gebrauch des *ći:* (Nom.) a 20·40·52·54·56·71, b 7·67 (mit dem Verb. in 2. Pers. Sg. so auch b 3) 84·90·93·95·96·107· 115·116·121·146, c 47, d 6·8·13·16·21·38; (Ac.) b 77·104·132, a 37. Zu *č* verkürzt in c 71.

Pronomen interrogativum.

Die in unsern Texten vorkommenden Formen und Belege dafür sind folgende: *a) kuš* a 2, in der indirecten Frage b 143; b 88—89 scheint es in unbest. Sinne statt eines hypothetischen Satzes zu stehen; *b) kūj* der Dat. dazu a 55 noch durch das Pron. pers. wiederholt; *c)ška,* womit man nach Sachen fragt: b 52·57·68·106·120, c 15·48·101; indirect: b 86·138, c 53·50, d 30·43; *d) čū* c 21; *e)* bloßes *č* bei *č für* c 55.

Pronomen indefinitum.

1. *düth* kann, wie schon oben bemerkt, den praepos. Artikel vor sich haben oder nicht. Besonders zu merken ist der Idiotismus, in welchem *düth* durch „zugleich mit", übersetzt werden kann, wovon uns c 84·112 einen Beleg bieten.

2. *tjetr* in unbestimmter Form bedeutet „ander" und steht vor oder nach dem Subst. Belege: *a)* vor dem Subst. b 28·46·53·58, c 2·42·48; *b)* nach dem Subst. b 56·86; *c)* bestimmte Form, wenn es statt eines Subst. gebraucht wird: a 30, d 25. Der Plural lautet *tjer* a 31.

3. Zur Bildung von Pron. indef. wird auch das Pron. interrog. *kuš* verwendet, dem entweder *düth* im positiven oder *as* im negat. Sinne vorgesetzt wird, so *dïthkuš* a 60, *askuš* a 22·59, ja *kuš* allein mit der negativen Partikel *mos* vor dem Verb. scheint als Pron. indef. gebraucht zu werden a 70.

4. *nnoj* entstanden aus *nnoñi* (vgl. *mejher, a i menn* b 6, *se i pul* d 17*)* = irgend einer: b 10·31, c 47, d 21.

5. *dö* unveränderlich a 31, c 7 und *disä* b 13, c 81, a 31, sind gleichsam der Plur. zu *nnoj*.

6. *sä* = einige a 29 (subst.), a 37 (adj.), c 11 (= wie viel?), b 47 (= so viel auch).

7. *kać* b 57 = soviel.

8. *ťfárdo* b 33 mit einem Gen.

9. *ñēn* ist eigentlich nichts anderes als eine erweiterte Form von *ñi*. Belege: *ñēni* a 30, c 101, *ñēna* d 25ᵃ, *ñēn* d 28.

10. *dä* mit der Negation vor dem Verb. bedeutet „nichts": b 141·163, d 13, die ursprüngliche Bedeutung zeigt sich noch in *tjetr dä* c 42·48 und noch deutlicher in a 7. Häufig wird *dä* mit *kur* verbunden und bezeichnet eine stärkere Verneinung = gar nichts, so *kúrdä* b 68·137, c 52.

11. *seicíli* = jedweder b 112.

12. *filán* = gewiss b 36.

13. *ḱum* a 5.

Numerale.

1. Die Cardinalia lauten in folgender Weise: *ñi*[1], *dy*[2] *tre*[3] (masc.), *tri*[4] (fem.), *katr, pês, dašt*[5], *štat*[6], *tet, nnân, dhet*[7], *ñimdhét* etc. *ñidhét, tridhét, katrdhét, pêsdhét*[8], *daštdhét, štatdhét, tetdhét, nnândhét*[9], *ñi ćinn*[10], *ñi mt*[11].

2. Diese Zahlen werden immer als Adjectiva gebraucht. Belege: [1]d 24, a 64, — [2]b 1·38·115 etc. — [3]b 83·85·110·113, c 6 — [4]b 12·101, d 21 — [5]b 14 — [6]b 49 — [7]c 26 — [8]c 26 — [9]b 49 — [10]a 28, b 83·85, d 32 — [11]c 54.

3. *ñi* wird (in unseren Texten etwa 45 Mal) auch als unbest. Artikel gebraucht; nach einem Vocal verflüchtigt sich oft das *ñ* und es bleibt bloß ein *i* zurück, welches nach einem Vocal wie ein *j* ausgesprochen wird, so: *se i pul* d 17, *a i menn* b 6, dasselbe auch in *mejhér* (s. Adverb.), *nnoj* (s. oben Pron. indef.).

4. Auch hier kommt manchmal der bestimmte Artikel in Anwendung, wenn es sich um einen schon früher besprochenen Gegenstand handelt: *t dýja* d 25·28.

5. Distributiva werden mittels *kä* gebildet, b 83·85.

6. Die Ordinalia lauten: *i pári, e pára, i dýti, i tréti, kátrti, pêsti, dášti, štáti, téti, nnâni, dhéti* etc. Belege für *i pári, e pára* s. beim praepos. Artikel.

Verbum.

Abgesehen von den Auxiliarien, welche auch im Albanischen vielfach ihre eigenen Wege gehen, kann man die Verba nach dem Ausgang des Infinit. in folgende drei regelmäßige Conjugationen theilen:

I. Conj. umfasst solche Verba, die im Infin. auf einen mehrfachen oder auf einen langen Vocal endigen.

II. Conj., die auf ein *t* endigen und die III. Conj. die übrigen. Um einerseits, wo dies möglich ist, einige Uebersichtlichkeit zu erzielen und um andererseits mit dem knapp bemessenen Raum nach Möglichkeit zu sparen, werden wir die einzelnen Tempora und Modi aller regelmäßigen und unregelmäßigen Formen und so auch der Auxiliaria immer auf einmal abhandeln, wozu auch die nothwendigsten Bemerkungen über die Conjugation der reflexiven Verba kommen sollen.

Praesens Indicativ.

Personalendungen.

Sg. 1. —*i*, welches in der I. nach Vocalen zu *j* wird, in der II., nachdem es die Verwandlung des auslautenden *t* zu *s* bewirkt, ausfällt, und nur in der III. als solches sich erhält. Bei manchen Verben aller Conjugationen fällt es jedoch weg, so: *dza* c 36, *ha* b 85, c 97; *rri* b 53·58; *vi* b 55·60·79.

2. u. 3. —*n* bei den Verben der I., keine Endung bei den übrigen; aber auch manche der I. lassen das *n* weg, so: *dö* b 120, c 48 die 2. und b 147, c 61 etc. die 3. Sg. zu *me dašt* lieben, wollen; *drö* a 60, b 5 3. Sg. zu *me drašt* fürchten; *hŭ* c 36 die 2., d 16 die 3. Sg. zu *me ha* essen, fressen; *rri* d 6, b 51, a 35 zu *me nnêj*; *bje* b 73·103·118 zu *me ra* fallen.

Pl. 1. —*im*, bei vocalischem Auslaut —*jm*, manchmal blos —*m*, so: *ham* c 21 bei vorhergehendem *i* Verschmelzung zu *ï*.

2. —*ni*

3. —*in*, welches sich wie —*im* der 1. Pl. verhält.

Paradigmen.

	I.	II.	III.		Auxiliaria.	
	me škŭe gehen	*me pvet* fragen	*me lyp* verlangen	*me pas* haben		*me ken* sein
Sg. 1.	*ško-j* [1] c 4	*pves*	*ljp-i* [8]	*kam* a 29, b 4·6 etc.		*jam* b 35·45, a 30 etc.
2.	*škö-n* [2] b 5·15	*pvet*	*lyp* b 68·106	*kš* b 3·4 etc.		*jš* c 36, a 19
3.	*škö-n* [3] b 74, c 92 etc.	*pvet* [7] b 5·15·52·57	*lyp* [9] c 60·68	*ka* b 112, c 42 etc.		*ašt, a* b 36 etc.
Pl. 1.	*škö-jm* [4] c 86	*pvés-im*	*ljp-im* [10]	*kéna* b 93, c 21·52		*jéna*

Paradigmen.

	I.	II.	III.	Auxiliaria.
2.	škó-ni⁵	pvét-ni	ljp-ni	kéni jéni
			c 11	b 100·101 a 27·28·32
3.	ško-jn⁶	pvés-in	ljp-in¹¹	kan jan
				a 40

¹ difiój b 155, kaldsój b 156, maj b 22 (au majt). — ² bán b 52·57, bin b 22, d 5 dén d 29. — ³ bán a 55, b 149, d 24·42·43, čon b 85·110, c 17·79, fillón c 71, gazmón d 46, kaldzón b 5·16·35·44, c 64·72, llon a 68, naln c 92, naron d 39, prigjón c 92, ditjón b 53, c 33·80, bin c 94, then d 23·2, dőn b 50·55, vin d 21, b 151. — ⁴ déjm c 87. — ⁵ harrónl a 38, dini a 60. — ⁶ kaldzójn b 148, puhójn b 61, lajn d 25, rrin b 60; — ⁷ myt b 33. — ⁸ lidhi b 22; — ⁹ has b 72, c 7·18·23, leh d 16, peréd b 58·76. — ¹⁰ désim a 70·71. — ¹¹ peróčdn b 93.

Bemerkungen zum Praes. Indic.

1. Der Stamm der meisten Verba auf —*úe* lautet in *o*, der auf —*ije* immer in *e* aus. Belege dafür s. oben. Einige behalten *u* bei, so auch *dúe* ich will b 8·16·37 etc.

2. Der auslautende Stammvocal wird in der 2. 3. Sg. verlängert: *dán* er trennt d 6, *lán* er wäscht d 25, *kján* er weint d 8. Ausnahme: die auf —*úe* mit dem Stamm in *o* und *me bá* machen.

3 Verba der III. auf —*jell* und —*jerr* ziehen mitunter —*je* zu —*i* zusammen, so: *nill* d 30 3. Sg. zu *me njell* rufen, *dziri* b 25 von *dzjerr* herausziehen.

4. Die übrigen Verba weichen dadurch von den aufgestellten Paradigmen ab, dass entweder der Stammvocal oder der auslautende Consonant des Stammes oder beide zugleich gewisse Veränderungen eingehen, wobei zunächst Folgendes zu bemerken ist: Der Stamm der 1. Sg. stimmt gewöhnlich mit dem der 1. und 3. Pl., der der 2. und 3. Sg. ist häufig derselbe wie in der 2. Pl., wofern sich die 2. Pl. nicht durch das Eintreten eines *i* in den Stamm von den übrigen Personen unterscheidet.

a) Stammvocal *a* und *e*: Sg. 1. *nap* b 78·102, c 66·107; 2. *nep* d 32, 3. *nep* b 69·98·151; Pl. 1. *nápim* c 77 2. *népni* 3. *nápin* zu *me dhan* geben; *marr* ich nehme b 91, *del* geht heraus c 43 zu *me dal* c 104; *dzú* c 36 1. und *dzen* d 45 3. Sg. zu *me dzan* einnehmen; *lám* a 57 1. Pl. Conj. zu *me lan* lassen.

b) Stammvocale *o*, *e*, *i* wie: Sg. 1. *ňof* 2. *ňef* 3. *ňef* Pl. 1. *ňófim* 2. *ňífni* 3. *ňófin* b 143 zu *me ňoft* kennen; so auch *šef* c 28 3. Sg. zu *me pá* sehen.

c) Stammauslaut *s* und *t* und 2. Pl. ein *i*: *šes* c 4 ich verkaufe zu *me šit* c 6, *šésim* c 11, *šítni* c 10 ihr verkaufet; *ćet* c 62, d 30 3. Sg. zu *me ćit* herausziehen.

d) Stammauslaut *s* und *t*, *i* in der 2. Pl. und Wechsel zwischen *a* und *e* nach folgendem Paradigma: Sg. 1. *flas* 2. *flet* 3. *flet* a 22 Pl. 1. *flásim*

— 40 —

2. *flitni* 3. *flásin* zu *me fol* sprechen. Andere belegbare Formen: *šklet* a 21 3. Sg. zu *me škel* mit Füssen treten; *thret* c 44·55 ruft zu *me thir; perkás* c 96 1. Sg. zu *me perkít* berühren.

e) Vereinzelte Verba: *los* b 53·58 ich spiele zu *me lujt*; *vi* 1. Sg. aber *vjen* b 54·59 die 2. und *vjen* c 27, b 64, a 35 die 3. Sg., 3. Pl. dagegen *vin* b 131 zu *me ardh* kommen, *thot* b 3·6·7 etc. 3. Sg. und *thon* b 4·92 etc. 3. Pl. zu *me than* sagen.

5. Die reflexiven Verba mit consonantischem Stammauslaut haben folgende Endungen: Sg. 1. —*em*, —*emi* 2. —*e* 3. —*et* Pl. 1. —*ena* 2. —*eni* 3. *en*, die vocalisch auslautenden Stämme schieben zwischen den Stamm und diese Endungen ein *h* ein. Belege:

a) 3. Sg. *dúket* d 38·52, *godútet* d 15ᵃ, *húpet* a 61, *kpútet* d 10, *múnnet* b 88, d 43 neben *munn* d 32, *nálet* c 33, *nnjérset* d 8; 3. Pl. *nnéšen* b 116·122.

b) 3. Sg. *báhet* b 146, *dúhet* b 114, c 15·70, d 31, *dzèhet* d 15ᵇ *rrdzóhet* a 20, 2. Pl. *báheni* a 39, 3. Pl. *máhen* d 44.

Praesens Conjunctiv.

1. Derselbe ist gleich dem Indic. derselben Zeit, dem ein *t* vorgesetzt wird, bloß die 2. und 3. Sg. haben eigene Endungen, die 2. ein —*š* oder —*iš*, die 3. ein —*in*.

2. Unsere Belege dafür weisen den Conjunct. auf nach Verben des Wollens, nach verschiedenen Conjunctionen im Sinne des Fut., nach Pronom. indef. und sind folgende: 2. Sg. 14. *kür t a bájš* c 65, *ku t háš* d 3, *kür t këš idizá* b 70·78 *si t këš hápin* d 34, *si t këš hállin* d 36, *ška t i lypš* c 50, *s munn dalš* d 32 [mit Weglassung des *t*]; 3. Sg. *kür t a bájn* c 62·76, *masi t désin* b 153, *si t bin* d 31, *t a šklas* a 58 [da manchmal auch das —*in* hier vernachlässigt wird]; 3. Pl. *dúe ći t jën* b 145.

3. Dieselbe Regel gilt auch von den refl. Verben, nur hat hier bloß die 2. Sg. eine eigene Endung, nämlich *š*. Beleg: *pära se t húpet* a 61.

Imperativ.

1. Die 2. Sg. und Pl. ist gleich dem Praes. Indic., wobei aber das —*n* der vocalischen Conjugation meistens wegfällt. Belege: 2. Sg. *čo* d 53, *lšo* d 34, *pšto* c 35, *šikjó* d 12·27, *što* d 11, *kthe* b 11, *ma* b 10 zu *me majt*, *pi* b 22, *rri* d 26, *há* c 52, *bin* d 29·33, *dzen* d 8, *len* c 83·113 neben *le* a 62, b 149 zu *me lan* — *éit* c 82, d 36, *myt* b 37, *šit* c 5, *tret* c 51, *prek* c 45, d 4, *permýjs* d 3, *šljer* b 70·79, *dzir* b 24·28·66, *merr* b 84·89, c 42·63·72 etc., *fol* d 41 [hier also identisch mit dem Infinit., nicht mit dem Indic.], *nep* d 28, b 111, c 46 neben *ep* d 41ᵇ·ᶜ und *jep* d 41ᵃ zu *me dhan*, da dieses Verbum auch im Praes. Indic. eine dreifache Form hat; 1. Pl. *t škojm* c 40, *t a vajtójm* a 51 — 2. Pl.

škóni c 87, *šikjóni* a 65, *kjäni* a 41·43, *prîni* b 94 — *šitni* c 24, *mujtni* c 8·24, *hýpni* b 92.

2. Bei der 3. Sg. wird entweder der Conj. allein gebraucht, wie *t na perkásin* a 70 oder demselben wird der Impert. von *me lan* nämlich *le* vorgesetzt, so: *le t des* a 62, *le t vin* b 150.

3. Besondere Formen: *bjer* c 56·112 neben dem regelmässigen *bje* zu *me rä* und *me prû, thuj sage* a 19, b 84, c 59 und dasselbe *j* auch sonst, so *blej* c 5 = kaufe zu *me blē* c 7.

4. Eigene Formen für die 2. Sg. und Pl.: *éja* c 39·52, *éni* zu *me ardh*, wozu auch *hájde* c 53 gehört, ferner *hajt* b 9·37, c 5·9·59 = gehe, und so auch statt des oben erwähnten *merr* ein *na, náni*.

5. Die 2. Sg. wird häufig statt des Praeteritums gebraucht: *kerkó annéj, kerkó ktej* c 85.

6. Die refl. Verba zeichnen sich durch ein *u* aus, welches an die active Form gefügt wird, es scheint hier auch in der 1. Pl. das *t* häufig abzufallen. Belege: 1. Pl. *báhena* b 18; 2 Pl. *bánju* (aus *báni* + *u*) b 92, *čónju* a 63, *mlídhnju* a 49, *šterngónju* a 64.

7. Nach der negativen Partikel, welche beim Impert. immer *mos* ist, wird das *u* der reflex. Verba der activen Form vorgesetzt: 2. Sg. *mos u frigó* b 90, 1 Pl. *mos turpnóhena* a 72, 2 Pl. *mos u frigóni* c 96.

Imperfectum Indicativ.

1. Die Endungen Sg. 1. 2. *še* 3. *te* Pl. 1. *šim* 2. *ši* 3. *šin*, werden an einen Stamm gefügt, der, was besonders für die ablautenden Verba wichtig ist, mit dem der 2. Pl. des Praes. Indic. vollständig übereinstimmt. Belege: 3. Sg. *kište* b 1·21·44·57 etc. zu *me pas* haben, *ište* b 116·117·141, c 2·29 zu *me ken* sein — *lšóte* b 56, *dite* b 141, *pite* b 51·84, *dóte* b 136·139, *dróte* b 34, *dzète* b 57·90·93·95 — *prite* c 27, *ñällte* b 117, *kriste* a 11, *tirte* c 3 zu *me tjerr* c 16, *villte* b 51; 3. Pl. *thtršin* a 4, *mújšin* b 102.

2. Geht diesen Formen ein *t* voran, so ist dies Imperf. Conjunctiv.

3. Die refl. Verba haben eine doppelte Form: entweder ist dieselbe gleich dem Act., dem ein *u* vorgesetzt wird, oder das *u* wird nicht gebraucht, sondern an dessen Stelle den Endungen des Act., bei consonantisch auslautenden Stämmen ein *e*, bei vocalisch auslautenden ein *he* vorgesetzt, in welchem Falle aber die 3. Sg. die Endung *i* (resp. *j*) hat. Belege: *u díète* c 32, *u martóte* c 93 — *munnóhej* b 33.

Praeteritum Indicativ.

1. Die Personalendungen dieser Form sind folgende: Sg. 1. —*a* 2. —*e* 3. —*i* Pl. 1. —*me* 2. —*t* 3. —*ne*. Das —*i* der 3. Sg. wird aber oft vernachlässigt, ebenso wie das *e* in der Endung —*ne* der 3. Pl.

bei Verben, deren Stamm auf ein *k* ausgeht, lautet die Endung der 3. Sg. nicht —*i* sondern —*u*.

2. Bei consonantisch auslautenden Stämmen werden die Endungen in der Regel an den Infinitiv gefügt, so in folgenden belegbaren Formen: 1. Sg. *fóla* d 20 zu *me fol*; 3. Sg. *hángri* b 87·137 von *me hangr, prítí* b 30 von *me prit, čiti* b 19·104 von *me čit, godíti* c 69 von *me godit, mujti* b 41·42·134·135 von *me myt, porosíti* b 161 von *me porosit, šiti* c 6·17·30 von *me šit. — hási* b 12·14 von *me has, hǔpi* c 89·104 von *me hyp, käpi* c 109 von *me kap, sijni* b 40 von *me syn* (?) — *det* c 86·110, *fjet* b 136 von *me fjet* c 90, met a 52, b 95, c 85 von *me met, vojt* b 42, c 101 von *me vojt —préku* c 46 von *me prek*; 3. Pl. *mýjtne* c 25, *bertitne* b 63·65 von *me bertit — hángrne* b 86, c 57, *d'étne* c 99 von *me d'et, mujtne* b 86 von *me mujt*.

3. Von den Auxiliarien sind folgende Formen nachweisbar: *pat* b 132, 3. Sg. von *me pas* und *kjën* b 96 3. Pl. von *me ken*.

4. Unregelmäßigkeiten entstehen wie im Praes. durch Ablaute und durch Consonantenwechsel:

a) Im ganzen Praet. zeigt sich dem Infin. gegenüber ein einziger Ablaut: 3. Sg. *dešt* b 43 zu *me dašt, erdh* b 20·119, c 57 zu *me ardh, dzúni* b 96 oder *dzû* c 90 zu *me dzan;* so auch bei den Verben auf —*edh*, *vodh* c 81 3. Sg. von *me vjedh*.

b) In der 1. u. 2. Sg. ein Ablaut, in den übrigen Personen ein anderer besonders bei Verben auf —*jerr* und —*jell* nach folgendem Muster: Sg. 1. —*ora* 2. —*ore* 3. —*ūr* Pl. 1. —*ūrme* 2. —*urt* 3. —*ūrne*. Belege: 3. Sg. *dzur* b 29·133, c 39 von *me dzjerr, tūr* c 29 von *me tjerr, mūr* b 49·71 etc. zu *me marr, dūl* b 39·131, c 84·103·109 zu *me dal*, 3. Pl. *dūlne* b 91, c 88·89·108.

c) Einen Ablaut und Consonantenwechsel zugleich zeigt *dične* a 71 3. Pl. zu *me dek*.

d) Abweichend ist auch *dha* b 28·43·122 etc. 3. Sg. zu *me dhan*, dazu die 3. Pl. *dhan* b 163, c 73.

5. Die vocalisch auslautenden Verba beobachten folgende Regeln: *a)* Die auf *ā, ē, úe* und *ÿe* ausgehenden bilden das Praet. Sg. auf —*va*, —*ve*, —*i* oder —*u* [das letztere bei Verben auf *ā, ē* und einigen auf *ÿe*], wobei, wie im Praes., das *u* und *y* zu *o* und zu *e* werden. Belege: 1. Sg. *dáva* b 111, 2. Sg. *škóve* b 76; 3. Sg. *dau* b 110, *bléu* c 13·19·25·26, *préu* b 133, c 31, d 22, *vráu* b 64 —*čoj* b 20·81, *fillój* b 150, c 22, *gidzilój* c 102, *kalój* b 96, *marój* c 16·22, *nnarkój* c 32, *pštoj* b 66, c 45, *škoj* b 39·122 etc. *kthej* b 13·14·132. Keine Endung in *rā* b 41·133, c 107, a 44, *pā* b 27 (vgl. *dha*). Im Pl. treten die Vocale *u* und *y* in ihre Rechte ein und werden zugleich verlängert: *čune* b 48·123, d 40ᵃ, *fillune* c 107, *škune* c 88·105, *kthyne* b 125.

pâne b 113 — diftün b 97, lšün b 94, šikjün b 113, škün b 113. — Ausnahme macht *me bâ*, welches das Praet. in folgender Weise bildet, 2. Sg. *bâne* b 77, 3. Sg. *bâni* b 12·13·39·161, c 78·101, 3. Pl. *bâne* c 103.

b) Die Verba auf *i, ü, ȳ* bilden das Praeter. Sg. auf —*na*, —*ne*, —*ni* so 3. Sg. *hini* b 23·88·97·150, c 38, *šini* b 87, *štini* b 72·109·119·162, c 102, *mŕıni* b 105, c 94 (dies nach der vocalischen, aber auch *mritne* b 29·81, c 43 3. Pl. nach der consonantischen Conj.); 3. Pl. *hine* c 91. Ausnahme macht *me pi*, welches das Praet. nach *a)* bildet, also 3. Sg. *piu* b 24 (spr. pju oder sogar pjuv).

c) Die Verba auf —*ie* bilden ihr Praeter. ebenfalls nach *a)* so: *nnjeu* b 131·134 zu *me nnie*.

d) Bemerkenswert ist die 2. Sg. einiger Verba, bei denen nach Ausstoßung des mittlern *v* das *a* der Wurzel mit dem *e* der Endung zu einem nasalen *ê* zusammenfließt; einen Beleg dafür bietet *rê* b 75 von *me râ*.

6. Dieses Tempus entspricht oft einem Plusquamperfectum, so: *masi bâni* b 13, *si e dzur* c 39, *masi hángrne* c 57, *masi piu* b 23—24, *si u rrit* b 2, *dićne mótit* a 71.

7. Das Praeteritum der reflexiven Verba lautet wie das Act., nur wird dem letztern ein *u* vorgesetzt, in der 3. Sg. haben die consonantischen Stämme keine Endung, die vocalischen auf —*úe* haben denselben Ausgang auch in dieser Form. Belege:

a) 1. Sg. *u ñälla* b 156, *u nghina* b 24; 3. Sg. *u ñit* b 62, *u godit* c 75, *u habit* b 112, *u lidh* b 23, *u nis* b 12·13·15·49, c 104, *u rrit* b 2, *u teš* c 102, *u süll* d 22, *u nal* c 108 (vgl. aber *nület* c 33 und die 3. Pl. der vocalisch auslautenden Verba); 3. Pl. *u nisne* b 29·72.

b) 1. Sg. *u pennóva* d 20; 3. Sg. *u ćúe* b 63, *u frigúe* b 102, *u lšúe* b 95 — *u dzû* a 42, *u bâ* b 44·135·160; 3. Pl. *u afrúne* b 130, *u ćúne* c 98, *u frigûne* c 95, *u nalúne* c 90.

Optativ Praesens.
(Erste Form.)

1. Die Endungen sind folgende: Sg. 1. —*ša* (I. —*iša*), 2. —*š* (I. —*iš*) 3. —*t* (I. —*ft*.); Pl. = Imperf. Ind., also 1. —*šim* 2. —*ši* 3. —*šin*.

2. Bei Vorsetzung der Conjunction *ne* = wenn oder *mos* = wenn nicht bezeichnet diese Form eine Bedingung und wird in den Grammatiken als Conditionalis Fut. bezeichnet.

3. Ich lasse nun die wenigen belegbaren Beispiele, nach Personen geordnet, folgen und füge Bemerkungen über etwaige Unregelmäßigkeiten gleich hinzu: 2. Sg. *mos pać* d 5 von dem Auxil. *me pas*, welches das *ć* einigen anderen gleich schon in der 1. Sg. des Praet. aufweist; *ne huš* b 10, *mos marrš* d 26, *ne m pštoš* c 37; 3. Sg. *hangrt* c 20

(obgleich es grammatisch heißen sollte *hangt* zu *hangša*, —*š*,) *rraft* c 15, *punóft* d 48, *ne nnroft* d 39; 2. Pl. *mos mújši* c 97; 3. Pl. *mos bášin* b 7.
4. Bei den refl. Verben wird dem Act. nur ein *u* vorgesetzt.

Zusammengesetzte und sonstige Formen.

1. Perfectum = Praes. des Auxil. + Part. Perf. Einige Belege: *kam čúe* b 47, *kë pštúe* b 67, *ka marúe* b 154, *kan myt* b 48; so auch Infin. *me pas marúe* b 112—113.

2. Plusquamperfectum = *a*) Imperf. des Auxil. + Part. Perf.: *kište pas* b 1, c 1, *k. lje* b 140, *k. ken* b 61, *k. marr* b 124, *k. nnêj* c 33, *k. mšeh* c 100. *b*) Praeter. des Auxil. + Part. Perf.: *pat dhan* b 104.

3. Futurum = *a*) Praes. von *me pas* + Infin.: *kam me ardh* b 71, *kam me t éitun* c 37—38, *kë me da* b 108, *ki me t ardh* c 50—51, *b*) *do* + Conj. Praes.: *do t fitóni* a 37, *do t häni* b 83, *do t a läm* a 57.

4. Conditionalis Praesens (das Bedungene) = Imperf. von *me pas* + Infinit.

5. Conditionalis Imperf. (die Bedingung) = Infin. des Verbums. Belege: *me škrep* a 11, *me ken* b 26·27·33, *m u čúe* d 43, *m u ńäll* b 153.

6. Optativ Praesens (zweite Form) = *kiš* + Conj. Praes.

. 7. Gerundium = *tuj* + Part. Perf.: *tuj ardh* b 159, c 32·54, *tuj bä éŕf* b 130, *tuj bä šamát* c 107, *tuj kerkúe* c 98, *tuj lujt* b 56, *tuj myt* c 7·18·23, *tuj knnúe* b 130, *tuj vrä* a 27, *tuj škúe* b 15·19·55·60.

8. Manchmal findet eine Häufung von Auxiliarien statt: *kam pas dhan* b 158, *kë pas ken* a 3·24.

9. Zur Conjugation von *me ken* in den zusammengesetzten Formen kann ebenso gut *me pas* als auch *me ken* verwendet werden; *kë ken* a 10 könnte also auch heißen: *jë ken*, und so auch *ka ken* a 13, b 1, c 1·83.

10 Auffallend ist das Zusammentreffen in der Form zwischen dem Partic. Perf. und dem Infin., der letztere ist eigentlich nichts anderes als ein Partic., dem *me* vorangesetzt wird. Allerdings gibt es mitunter auch Belege für Formen mit eigenen Endungen im Partic., wie *bämun* a 48, *čäm* d 6, *dáštun* a 57 (hier adjectivisch), *dékun* a 13, b 134, *t dékunin* b 117, neben *dek* b 156 von *me dek* a 55, *métun* a 14·25·45 neben *met* a 53·54, *nnézun* b 162, *prišun* a 26 von *me priš*, *věšun* a 24; diese Formen werden jedoch auch als Infin. gebraucht, so: *kam me t éitun* c 37—38, neben *éit* d 21 als Infin. und a 2 als Part. Perf. — Refl. *me u marr* b 118.

11. Die zusammengesetzten Formen der refl. Verba sind den activen gleich, nur tritt an die Stelle von *me pas* das Auxil. *me ken* : *jam nis* b 17, *ište ńäll* b 141.

12. Zur Bildung des Passivum dient im Alb. das Auxil. *me ken*: *ište da* b 114, *išin bä* c 80. —

Praeposition.

1. Mit dem Nominativ und zwar meistens mit dem bestimmten: *te* b 9·20·81·130·144, c 14·19·40·43·60·71·75.
2. Mit dem Gen. oder Dativ.: *mas* b 13·64, c 81·92, *nnermjét* b 115, *perpāra* b 89.
3. Mit dem Abl.: *prej* b 24·25·28·29·66·68·106·114·120·131·135·137, c 35·37·45·47·48·91·103·115, d 21, a 63·67.
4. Mit dem Acc. Um hier nicht bereits vorgekommene Beispiele noch einmal zu citieren, verweise ich hier auf die in der Decl. unter unbest. Ac. Sg. gelieferten Nachweise, denn es ist auffallend, wie oft gerade diese Praepositionen sich mit der unbestimmten Form verbinden, hier beschränke ich mich auf die Anführung solcher Beispiele, welche dort nicht vorkommen: *annéj* c 83; *m* c 11, *me* b 26·56·62·116·139·146·149, a 43·64, c 11·29·56. (Bemerkenswert *me ast üjt* b 140 — 141 ellyptisch, gleichsam ein partitiver Genitiv); *mı* b 65, d 12; *n* d 2 etc., *ne so ne dor* a 62 aber *n nor* d 52 (dieselbe Assimilation auch in *n nryk* b 160 statt *n gryk*); *nnen* d 12·26; *nner* b 96, a 10·17·42·47 (woraus auch die oben berührte Praep. *nnermjét*); *pā* d 18; *per* b 46·70·78·83·93·110·113·151·155, c 54, a 13·37 (in zwei Beispielen fand ich es auch in Verbindung mit einem unbestimmten Gen. b 74·76 *per ānet*).

Adverbium.

Verzeichnis der belegbaren Formen nach Kategorien.

1. Ortsadverbien: *annéj* b 60·72, c 85·89·98; *atjé* b 5·9·17·39·47·48, c 40; *atý* b 61·145, c 93·109; *ćyš* a 67; *déri* a 67, c 71·99; *dithkúnn* a 17·68; *kah* c 34; *kerkúnn* c 85; *ktej* c 85·99; *ktu* b 53·57; *ku* b 15, d 3·4; *mrāpa* a 14, d 42; *mrènn* b 22·23·110·150·162, c 38·91·95·110; *ñatý* c 91; *perpāra* b 131, c 43, d 42; *prèp* b 11; *sýpri* a 21.

2. Zeitadverbien: *athér* b 29·83·89·154·160, c 63·65·72; *dühhér* d 1; *dithmón* a 12·18; *her* b 51·56, d 21; *kurr* a 14·54; *mejhér* b 105·119, c 57·67·84; *mosnnéj* b 101·103·153, d 21; *nesr* d 17; *ne nésre* b 5·31·142; *ñathér* c 94; *ñihér* d 1; *ñitěš* b 155; *perpāra* b 87·94, c 84; *prèp* b 13·14 etc.; *sot* a 19·24·56, c 5, d 17; *těř* b 111, c 69.

3. Adverbien der Bejahung und der Verneinung: *nuk* b 4·14 (und noch 30 Beispiele); *s* b 4·93 (und noch 30 Beispiele); *mos* b 7·66 (noch 24 Beispiele beim Impert. und Condit.); *as* b 21·137, d 13, a 25·40·45·46·47; *jo* (nicht) b 35, c 21; (nein) b 152·154, a 59; *po* (ja) b 7·28·46·55·60·85, c 10, (bei einer Frage) b 15; (bei einer Aufforderung) b 18, c 86, a 19. An vielen Stellen lässt sich *po* nicht leicht in eine andere Sprache übertragen und ich bin durchaus nicht überzeugt, überall mit meinem Versuche das Richtige getroffen zu haben. Solche Beispiele sind: b 21·22·77·131·155·156, c 4·27·32·91·93·96.

4. Andere Adverbien: *bašk* b 18·122, c 107, a 43; *fort* b 33·43·98·116·136·146·160; *kštu* a 61; *mâ* b 14·154, d 40ᵇ, a 10 etc. (s. d. Comp. der Adj.); *lěrk* b 12·55; *nnryšej* b 26; *pos* b 100·107 etc.

Conjunction.

Verzeichnis der in unsern Texten vorkommenden Conjunctionen in alphabetischer Ordnung.

či (mit dem Ind.) b 42; (mit dem Conj.) a 58, b 144; (caus.) b 135; (als Einleitung einer directen Rede) b 28·35·45·156. *e* b 1·6 etc. — etwa 150 Beispiele — (advers.) b 47·94·153·162, c 24·44, d 28·32·41ᵃ; (pleon.) b 34, c 71; *edhé* b 38 etc. (etwa 20 Beispiele = und); (= auch) b 5 ·9·117, c 18·78·94, d 22; (einleitend) b 17·23·27·36·37·54·73·109, c 25·38·49·84; (advers.) b 40·65; (bei einem Comp. = noch) c 67; *kūr* b 70·78, c 62·65·76·81·91, a 11·15; *masí* (temp.) b 13·23·153, c 57; (caus.) d 33·53; *ne* b 10, c 37, d 39·42; *pāra se* a 61; *por* = aber b 4 etc. (etwa 20 Beispiele), = sondern b 74·75, d 12·20·27·42·48 (nach *tjetr* = außer b 53·58, c 42·49; *porsí* c 18; *prā* b 154; *pse* b 5·34·44·102·132; = warum? b 75; *sā* c 99·105; *se* = denn b 24·32 etc. (etwa 20 Beispiele) = dass b 5·35·44·131·134·141·143, c 27, d 20; (nach einem Comp.) c 63·65·67·68·77, d 1·14·17·50; (*si* (temp.), b 2, c 31·39·108; = wie b 114·159, c 83, d 31·34·36, a 11·19·23·42·53·54·64·71; *sikúr* a 20; *večsé* b 26, c 3.

Interjection.

Darunter rechnen wir überhaupt Ausdrücke, die bei einem Ausruf gebraucht werden: *ā* (Fragepartikel) a 57, b 6·31·45·54·59·112, c 10; *amán* c 8; *áni* c 5·12·87; *hájde* c 53; *hajt* b 9·37, c 5·9·59; *iš* d 33; *moj* (beim Fem.) a 1; *moré* (beim Masc.) a 32, c 9; *palé* (bei einer Frage) c 55.

III. Lexikalisches.

An diese Stelle hat ein vollständiges Glossar der in unsern Texten enthaltenen Wörter kommen sollen. Aus Mangel an Raum sehe ich mich leider gezwungen, auf dasselbe zu verzichten und kann dies mit um so größerer Beruhigung thun, als ja alle hier zu verzeichnenden Wörter an Ort und Stelle ohnehin in möglichst getreuer Uebersetzung zu lesen sind. Für die im Laufe der grammatischen Abhandlung citierten, meistens nicht übersetzten Formen ist es sogar von größerem Vortheil, immer in den Texten selbst nachzuschlagen, da auf diese Weise sowohl die Bedeutung als auch die grammatische Geltung jeder Form eingesehen und controliert werden kann.

Es ist allerdings zu bedauern, dass man auf diese Weise nicht im Stande ist, den ganzen Wortvorrath unserer Texte zu überblicken; um diesem Mangel wenigstens einigermaßen abzuhelfen, griff ich im Nachstehenden solche Wörter heraus, die in der oder jener Beziehung — entweder weil sie dem Gegischen charakteristisch sind, oder weil sie eine besondere Form haben — interessant sind. Der oben erwähnte Mangel an verfügbarem Raum gestattete es mir auch hier nicht, über eine alphabetische Zusammenstellung hinauszugehen. Viele dieser Wörter fanden ihre Aufnahme in die Liste deshalb, weil sie nicht in allen von mir zu Rathe gezogenen Wörterbüchern, dem von Hahn, Rossi, Dozon in gleicher Weise vorzeichnet sind, oder von Hahn ausdrücklich als gegisch bezeichnet werden. Ein * zeigt an, dass ich das mit demselben bezeichnete Wort in keinem der angeführten Hilfsbücher fand.

aśćer b 52 etc. (Beton.) **atī* b 89·91. *baštin* a 7. *begatī* a 5. *bylmét* d 51. **crúle* a 24. **ćefū́* d 5. *čart* b 74·152. *čirák* c 38 (eig. ausgelernt). *darəm* c 93 (r). *dermán* c 86. **dīn* a 29. *dlīr* b 103, a 9. *dobı* d 42. *dogrí* b 64. *drašt* b 5·34, a 60. *drídh* a 16. *drīt* d 42, a 46. **durúsi* d 7. *dyrħā* d 43 (r). *džagajdūr* c 7·9. *džehnét* d 35. *dževáp* c 62·73. *dys* c 12·13. *edh* d 18. *èmer* b 149. *fë* a 29·66. *fejúe* b 46.

fik c 29. filán b 36. gāti b 92 (Bctou.). gazmúe d 46. *gidzilúe c 102.
*grim b 64. habít b 112. hajr b 7. hall d 36. hap d 34. has b 10 etc.
havále b 32. hazr c 79. hup a 61. idizā b 70·78·93. insān d 21·50.
*javér b 147. *jemék b 83·86. jetúe c 3. kacíll c 7 etc. = 20 Parà = 5 kr.
kaldzúe b 8 etc. (Bcd.). kalúe b 96. kām b 63, a 21·58. kūp c 109. *kašát d 45.
kútúnu d 38. kcýe d 31. kî d 40^b. *kîňúz d 40, d. h. 40^c. *kllyč b 133. kojši
d 14. kokr d 26^a. kolláuz d 38. konóp b 21. kris a 11. kryp d 29. kulšédr
b 36·42·39. kusūr b 87. llin a 8. lyp b 68 etc. mār d 22. mārr c 9. mārre
a 59. marúe c 16·22, b 113·154. měč gen. pl. von menn b 135. mečlíz
b 145·152. mejdín b 91. met b 95 etc. mlc c 18 etc. mjedis b 74
etc. mjesnát c 91. mšeh c 100. murád b 46. muškní c 13. myhlét b 101.
myt b 33 etc. (= tüdten, Bedeut.) nyhî b 24. njell d 30. nneš b 116·122.
nnez b 38·162, d 42. ňāll b 117 etc. ňít b 62. páre c 26 etc. (Beton.) pekt
d 47 (statt petk). pennúe d 20. *perdî d 21. perkít c 96, a 70. permys
d 3. porosít b 161. pnî b 94. prinjúe c 92. pštúe b 66 etc. púpul
b 69·71·118. pūšk a 8·11·62. rras c 70·73·75. rrašt d 23. rrepl a 17.
sadžík d 41 ^{c}. sefdā d 15^b. senn c 47. serm c 71·75. *séri c 54. sesí
b 112. *syni b 40. šamát c 107. šárte b 26. Šćýpije b 62·64. *šelbús
d 7. *šéréi d 44. šî b 87. šiše b 115·120. Škjā a 31. škrep a 11.
šperdū a 28. štūs b 33. tadžī d 11. *takamíle c 80. tamán b 114. tūn
a 70, d 22 etc. *tedžér d 41^b. teslim c 103. teš c 102. tevećél c 2.
tret c 51 (Bedeut.). trimnéš a 56. trōk a 48. thnegl b 73·110 etc. un
c 29. Urúm a 31. vakijáden b 159. vepr a 47. ves d 39. vît d 21,
b 151. vōn d 46. zaptúe a 48. zjafét b 161. zógla d 30. *zollúm b 76.
zōr c 101. *žurm c 92.

Schlusswort.

Alle hier veröffentlichten Texte wurden mir von meinem gewesenen Lehrer des Albanischen, Herrn Marco Sciantoja (l. Šantója), einem aus Scutari gebürtigen Albanier, mitgetheilt. Das erste Denkmal *(a)* ist ein Gedicht des albanischen Dichters Paško (d. h. Paschal) Vása, der ebenfalls aus Scutari stammt, und soll dasselbe in Scutari auf einzelnen fliegenden Blättern gedruckt worden sein. Trotz meiner Bemühungen konnte es mir jedoch nicht gelingen, dieses Abdruckes habhaft zu werden, so dass ich nicht unbedingt dafür einstehen kann, dass die mündliche, aus zweiter Hand herrührende Ueberlieferung — denn Herr Sciantoja selbst hat sich das Gedicht von einem zu Besuch hieher gekommenen Albanier aus Scutari vorsagen lassen — ganz genau mit dem Original übereinstimmt.

Die übrigen Nummern, zwei Volksmärchen *(b, c)* und einige Sprichwörter *(d)* entnahm Herr Sciantoja dem reichen Schatze seiner Kenntnisse alles dessen, was das innere Leben des albanischen Volkes betrifft. Denn, trotzdem er bereits mehrere Jahre hindurch von seiner Heimat entfernt lebt, hat er sich doch das Bewusstsein aller sprachlichen Eigenheiten seiner Muttersprache lebendig zu bewahren gewusst.

Es war ein glücklicher Zufall für mich gewesen, dass es mir gelungen war, vor drei Jahren die Bekanntschaft dieses intelligenten Mannes zu machen, der sich in der aufopferndsten und uneigennützigsten Weise der Mühe unterzog, mich in seiner Muttersprache zu unterrichten, wofür ich ihm hier den gebührenden Dank abstatte. Außer den hier veröffentlichten Texten besitze ich aus derselben Quelle eine die Zahl 40 übersteigende Anzahl kleinerer anekdotenartiger Erzählungen, deren Veröffentlichung mir hoffentlich auch in irgend einer Weise ermöglicht werden wird.

Die hier veröffentlichten Texte sind durchgängig in dem sogenannten gegischen Dialect abgefasst, und da der Gewährsmann ein gebürtiger Scutarier ist, so dürfte auch manches dem Patois dieser Stadt Eigenthümliche mit eingeflochten sein, zu dessen Scheidung ich mich jedoch, bevor es mir nicht gelungen, längere Zeit hindurch im Lande selbst zu verweilen, nicht für competent halte. Ich hatte nun in letzterer Zeit Gelegenheit, auch mit einem Eingebornen aus dem südlichen Albanien, also einem Tosken, Namens Mehemed Reschid, zu verkehren, mit dem ich besonders die im Dialect seiner Heimat abgefassten Märchen, welche Dozon veröffentlicht hatte,*) lesen konnte und der auch so freundlich war, alle hier publicierten Texte mit mir in den Dialect seiner Heimat zu übersetzen. Ich wollte daher anfangs eine auf diesen Texten beruhende Untersuchung über den Unterschied der beiden auch räumlich recht weit auseinander liegenden Dialecte anschließen, sah jedoch bald ein, dass dies zu dem mir gebotenen Raum durchaus in keinem Verhältnisse stand, abgesehen davon, dass dadurch der oben erwähnte eminent praktische Zweck gefährdet würde. Da nun das beabsichtigte Glossar aus Mangel an Raum ebenfalls entfallen musste, so konnte ich auch für dasselbe die mir von Herrn Reschid gegebenen werthvollen Auskünfte, für welche ich ihm meinen besten Dank ausspreche, nicht benützen.

Endlich — *last not least* — bin ich dem hochwürdigen Herrn Giacomo Jungg von dem Jesuitencollegium in Scutari zu großem Dank dafür verpflichtet, dass er nicht nur die Texte vor der Drucklegung einer Revision unterzog, sondern auch dafür, dass er mir seine nunmehr vollendete, im Buchhandel wohl noch nicht erschienene praktische Grammatik des Albanischen: „*Regole grammaticali sulla lingua albanese*" *Scutari d'Albania, Tipografia privata del Collegio Pont. Alban.* (S. 112) mit seltener Bereitwilligkeit successive während des Druckes zur Verfügung stellte. Der grammatische Theil meiner Abhandlung fußt nun hauptsächlich auf dieser Grammatik, ein Umstand, der gewiss weit entfernt ist, Jungg's Buch selbst überflüssig zu machen, da ich doch nicht auf den wenigen Seiten meiner grammatischen Abhandlung und mich auf unsere Texte beschränkend, dasselbe bieten kann, was in dem erwähnten Buche enthalten ist, abgesehen davon, dass es Jungg gegönnt ist, inmitten des albanischen Volkes zu leben und die Richtigkeit seiner Angaben immer an Ort und Stelle zu prüfen.

Ich will auch nicht unerwähnt lassen, dass ich die Idee, die Texte von einer Interlinearversion begleiten zu lassen — was gewiss den der Sprache völlig Unkundigen sehr willkommen ist — meinem hochverehrten Lehrer, dem auch um das Albanische so sehr verdienten Herrn Professor Miklosich verdanke, da ich anfangs gesonnen war, den Texten nur eine allerdings möglichst getreue Uebersetzung beizuschließen.

Ebenso wie auf das Glossar und die Vergleichung der beiden Dialecte musste ich auf eine Vergleichung des Inhaltes der beiden

---

*) Manuel de la langue chkipe ou albanaise. Paris, Ernest Leroux 1878.

Volksmärchen mit verwandten Märchen anderer Völker, wenigstens vorläufig, verzichten; für die Bereitwilligkeit, mit welcher mir in dieser Beziehung die Herren Reinhold Köhler in Weimar, Christian Nyrop in Kopenhagen und Josef Černý in Königgrätz an die Hand giengen, spreche ich denselben meinen besten Dank aus.

Und nun erübrigt mir, um gütige Nachsicht der vielen Mängel zu ersuchen, von denen die Abhandlung, so kurz sie auch sein mag, gewiss nicht frei ist. Ich hoffe, auf eine solche rechnen zu können, da wohl niemandem unbekannt sein dürfte, mit welchen Schwierigkeiten man bei einer derartigen Arbeit zu kämpfen hat, wenn es einem nicht vergönnt war, längere Zeit hindurch im Lande selbst zu verweilen. Auch habe ich mich erst vor kurzer Zeit zur Bearbeitung eben dieser Frage entschlossen und sah mich durch mehrfache Berufsgeschäfte gehindert, der Sache jene Aufmerksamkeit zuzuwenden, die mit dem Eifer, mit welchem ich von Anfang an an das Studium dieser bis jetzt so wenig bekannten Sprache gegangen war, einigermaßen in Einklang stünde.